법륜·스물둘

연 기
緣起

삐야닷시 스님 지음 | 전채린 옮김

KB218728

고요한소리

Dependent Origination

Paṭicca Samuppāda

Piyadassi Thera

Buddhist Publication Society
Kandy, Sri Lanka 1981
The Wheel Publication No. 15 A/B

Namo Tassa Bhagavato Arahato Sammā
SamBuddhassa!

그분 세존·응공·정등각자께 귀의합니다.

일러두기

* 이 책에 나오는 경經의 출전은 영국 빠알리성전협회PTS에서 간행한 로마자 본
  빠알리 경임.
* 로마자 빠알리어와 영문 책 제목은 이탤릭체로 표기함.
* 각주는 원주이며, 역주는 [역주]로 표기함.
* 이 번역본은 Wheel Publication No.15(BPS 1981)을 저본으로 하고
  Collected Wheel Publications: V.1-15(BPS 2009)을 참조함.

차 례

머리말 。06

머리말

　'연기緣起 빠띳짜 사뭇빠아다paṭicca-samuppāda'는 불법佛法 Buddha-Dhamma의 기본이 되는 가르침 중 하나이다. 거기에 담긴 교의는 너무나 깊고 오묘하여 이 짧은 글로는 그 주제를 폭넓게 다룰 수가 없다. 그러므로 여기서는 오로지 부처님의 직설에 근거하여 연기법을 밝히려 시도해 보겠으며 복잡한 세부적 내용은 접어두고자 한다.

　많은 학자들과 저술가들이 연기, 빠띳짜 사뭇빠아다를 영어로 옮기면서 다양한 역어를 사용했다. '의존하여 생겨남dependent origination', '의존하여 일어남dependent arising', '조건에 따른 공동 생성conditioned co-production', '인과적 조건 지음causal conditioning', '인과적 발생causal genesis', '조건에 따른 발생conditioned genesis', '인과적 의존 관계들causal dependencies' 등등. 이 글에서는 '의존하여 생겨남dependent origination'을 쓰겠다.(이에 해당하는 전통적 한

역漢譯 연기緣起가 우리나라에서 정착되어 있으므로 본 글에서는 연기를 쓰기로 한다-옮긴이). 연기는 깊이 이해하려는 노력 없이 피상적인 사유를 일삼는 사람들을 위해 설해진 법문이 아니며, 또 하나하나 따지기 좋아하는 사람들이 제시하는 추론이나 순전한 논리에 의해 파악될 수 있는 교리도 아니다. 여기 부처님의 말씀에 귀 기울여 보자.

아아난다[1]여, 이 연기의 이치는 참으로 심오하다. 그리고 그 드러나는 과정도 참으로 현묘하다. 이 법을 이해하지 못하고 꿰뚫어 알지 못하기 때문에 사람들은 헝클어진 실이 뭉친 것처럼 뒤엉키게 되었고, 문사초[2], 등심초처럼 되어 존재의 갖가지 비참한 상태[3]와 윤회를 넘어서지 못하는 것이다.[4]

이처럼 너무나도 중요한 교리를 두고 그 진정한 의의를

---

1 부처님을 시봉 들었던 제자 이름

2 [역주] 문사초 : *muñja* 문자 풀. 인도, 스리랑카 도처에 분포하는 거친 야생풀. 체성이 견실하여 익어도 고개를 숙이지 않으므로 불전에서는 아견·아만我慢이 높을 때 이를 비유하여 흔히 씀.

3 [역주] 빠알리 원문은 처참한 곳*apāyaṃ*, 불행한 곳*duggatiṃ*, 파멸처 *vinipātaṃ*로 되어 있다.

4 《장부》15경 〈대인연 경〉 II권 55쪽

이해하는 데까지 이르지 못한 나머지, 사람들은 연기를 기계적인 인과율로 또는 단순한 동시 생기론生起論 정도로 잘못 생각하기도 한다. 어디 그뿐이랴, 심지어는 생물이건 무생물이건 모든 것의 최초 시작에 관한 이론이라고까지 생각한다. 여기서 우리는 불교 사상에는 '최초의 원인'[5]이라는 개념이 없다는 사실, 따라서 '연기'는 최초의 원인이라는 것을 찾아내거나 연구하는 것과는 관계가 없다는 점을 상기할 필요가 있다. 부처님은 존재의 최초 시작은 있을 수 없다[6]고 강조하셨을 뿐만 아니라, 그런 관념이나 공론空論은 정신착란을 야기할 수 있다고 하셨다.[7] '최초의 원인'을 가정할 경우 누구든지 그 최초의 원인의 원인을 당연히 물으려 들 것이다. 왜냐하면 이 세상에 사는 사람치고 굳이 외면하려 드는 사람이 아닌 한은 누구든 조건 지어지지도 않고 원인도 없는 것이 있으리라고는

---

5 [역주] 원문에는 First Cause로 되어 있다. 'F', 'C'를 대문자로 쓰고 있는데 이럴 경우 조물주, 창조주의 뜻을 갖고 있다. 역자는 '최초의 원인'이라고 옮긴다.

6 《상응부》〈무시無始상응〉 II권 179쪽

7 《증지부》 II권 80쪽(4법집 77경)
[역주] 빠알리원문은 *lokacintā acinteyyā na cintetabbā yaṁ cintento ummādassa vighātassa bhāgī assa.*

생각하지 않을 테니 말이다.

올더스 헉슬리 식으로 말하면 "모든 일을 최초의 원인 단 하나로 환원하여 생각하는 잘못을 저지르는 사람들은 운명적으로 과학자가 될 수 없다. 그들은 과학이 무엇인지 모르기 때문에 자신들이 무엇인가를 놓치고 있다는 것조차 알지 못한다. 적어도 서구에서는 이제 어떤 현상을 그 현상 최초의 원인으로 돌리는 일은 시대에 뒤떨어진 일이 되어 버렸다. (…) 모든 괴로움을 일으키는 단 하나의 원인을 찾겠다는 야심을 포기하고, 무슨 일에나 동시에 작용하는 많은 원인들이 있고 복잡한 상관관계와 되풀이되는 작용과 반작용이 있음을 인정하지 않는다면, 우리는 이 철기시대를 황금시대로 바꾸는 일에 성공하지 못하고 말 것이다."[8]

유일한 창조주-신神이 있어서 그 자신이 창조한 피조물들에 대해 착한 일에는 상을 주고 악한 일에는 벌을 준다

---

[8] 올더스 헉슬리 Aldous Huxley, 《목적과 수단 *Ends and Means*》, 런던, 1945, 14-15쪽

는 생각은 불교사상에서는 찾아볼 수 없다. 하지만 존재와 사건을 어떤 전능한 창조주–신이 만든 것으로 보는 유신론자라면 '이는 신의 뜻이다. 신의 권능에 의문을 갖는 것은 신성모독이다.'라고 단호하게 말할 것이다. 그러나 이러한 '신神'의 개념은 육안肉眼 저 너머에 무엇이 있는지를 연구하고 분석하고 음미하고 들여다보려는 인간의 자유를 질식시키고 통찰을 지연시킬 뿐이다.

하지만 논의를 진척시키기 위해 'X'를 '최초의 원인'이라 인정한다고 치자. 그러면 이러한 가정이 과연 우리의 목표, 우리의 구원에 단 한 발자국이라도 더 가까이 접근시켜 주는가? 오히려 구원의 문을 닫아버리지는 않는가? 불교에서는 사물들이 하나의 원인 때문에 생기는 것도 아니며, 원인 없이 생기는 것도 아니라고 말한다. 연기의 12가지 요소나 '논장Abhidhamma'의 《발취론發趣論》에 나오는 24가지 조건 짓는 양태는 사물들이 어떻게 하나가 아닌 복합적 원인에 의해 생기는가를 분명히 밝혀준다. 사물이 원인 없이 생기지 않으며 또 단 하나의 원인에 기인하지도 않는다는 것을 말하고 있다는 점에서 불교는 현대 과학을

2500년이나 앞선다.

　우리는 목도하고 있다. 시작점 없는 원인 및 결과라는 자연법의 질서를. 그리고 그 밖에는 우주를 다스리는 그 어떤 것도 없음을. 하나하나의 결과는 다음에 오는 또 다른 결과의 원인이 되고, 이러기를 끝없이 계속한다(단, 우리가 무지와 갈애의 지속을 허용하는 한). 예를 들어 한 개의 코코넛 열매는 코코넛 한 그루의 주된 원인 또는 여러 원인 중 가장 가까운 원인이다. 그리고 바로 그 나무는 다시 많은 코코넛 나무의 원인이다. 'X'에게는 두 명의 부모, 네 명의 조부모가 있다. 이런 식으로 인과의 법은 바다의 파도처럼 간단없이 무한히 이어진다.

　최초의 시작, 그것은 상상할 수조차 없다. 어느 누구도 어떤 것, 인간은 말할 것도 없고 한낱 모래알에 대해서조차도 그 최초의 원인이 무엇인지를 추적할 수 없다. 따라서 시작점도 없는 과거를 놓고 그 시작을 찾으려 드는 것은 소용없는 일일뿐 아니라 아무런 의미도 없다. 삶은 변함없는 동일성의 지속이 아니라 늘 변화하는 것이다. 그것은 심리적 생리적 변화들의 흐름이며, 불교에서 말하는 명과 색名色 *nāma-rūpa*이 융합된 흐름[流轉]이다.

"이 세상에 시작이 있었다고 가정할 아무런 이유도 없다. 세상만사에 시작이 있어야 한다는 생각 자체가 상상력의 빈곤에 기인한 것이다. 그러니 이 최초의 원인에 대한 논쟁에 더 이상 시간을 허비하지 않는 것이 좋을 것 같다."[9]

'최초의 원인'이라는 것 대신에 부처님은 '조건 지어짐[緣起]'에 대해서 말씀하신다. 이 세상은 전적으로 원인과 결과의 법칙, 다시 말해 작용과 반작용의 법칙 하에 있다. 우리는 이 우주에 존재하는 것 중에서 원인 없고, 조건 지어지지 않은 그 어떤 것도 생각해 낼 수 없다.

새뮤얼 자작子爵은 말한다. "우연과 같은 것은 없다. 모든 사건은 앞서 일어난 사건들의 결과이다. 어떤 일이 생

---

9 버트런드 러셀Bertrand Russell, 《왜 나는 기독교인이 아닌가? *Why I am not a Christian?*》, 런던, 1958, 4쪽

기는 것은 그에 앞서 있던 많은 원인이 결합된 결과이다. 원인은 언제나 유사한 결과를 낳는다. 인과율 및 자연의 균일성[10]의 이 두 법칙은 모든 곳에서 언제나 어디서나 작용한다."[11]

모든 형성된 것[諸行]은 어느 것이나 예외 없이 주어진 조건들과 주어진 원인들에 의지하여 생겨나서*uppāda*, 현존하다가*ṭhiti*, 사라진다*bhaṅga*고 불교는 가르친다. 이 가

---

10 [역주] 자연의 균일성[Uniformity of Nature, 自然 均一性]
새뮤얼은 서구철학에서 거론되는 인과율causality이 불교의 연기법과 동일한 함의를 띠는 것으로 보려고 한 것 같다. 그러나 주지하다시피 서구철학의 인과율은 많은 반론에 부딪히고 있는 것이 현실이다. 이러한 인과율의 한계를 보완하기 위해 J. S. Mill은 자연의 균일성이라는 개념을 제안하고 있는 게 아닌가 싶다. 자연의 균일성이라는 개념은 J. S. Mill이 귀납법의 한계를 보완하기 위해서 설정한 개념으로 자연의 법칙에 준하는 것이라고 볼 수 있다. 새뮤얼은 이렇게 되면 인과율이라는 연역적 범주와 자연의 균일성이라는 귀납법상의 기초적 전제가 아우러져서 논리학상 완벽한 전체성을 띠게 되어, 불교 연기법의 함의를 충분히 설명할 수 있다는 확신을 가진 것 같다. 그러나 오늘날 양자역학 분야에서 말하는 불확정성의 원리가 이런 새뮤얼의 주장과 마찰 없이 조화 내지 공존할 수 있을까. 요컨대 이러한 서구철학의 한계성을 목도할수록 논리라는 추론체계의 세계는 어디까지나 상想 *saññā*의 범주를 벗어나지 못하는 것이므로 진리가 될 수 없다는 부처님 견해의 타당성은 더욱 분명해진다는 느낌을 지울 수 없다.

11 새뮤얼 자작Viscount Samuel (1870-1963)《신념과 행동 *Belief and Action*》, 펭귄 출판사, 1939, 16쪽

르침이 안고 있는 진리는 아라한[12]인 앗사지 장로가 읊고
또 후대에 자주 인용되는 그 유명한 게송과 나란히 두고
살펴보면 명확해진다. 부처님의 최초의 다섯 제자 중 한
분인 앗사지 장로는 훗날 사아리뿟따 장로로 알려지게 된
우빠띳사의 질문에 대한 답으로 부처님의 모든 가르침을
이 간결한 게송에 압축 요약하였다.

우빠띳사가 앗사지 장로께 이렇게 질문했다. "당신의
스승께서 가르치는 교리는 무엇입니까? 그 교리의 내용은
어떠합니까?" 이것이 그 답이었다.

원인이 있어 생겨나는 것은 무엇이든
그 원인을 여래께서 일러주셨고
또 그것들의 멸滅도 일러주셨으니
이것이 대사문의 가르침입니다.[13]

---

12 아라한*Arahat*은 윤회의 모든 족쇄를 끊어버렸고 완벽한 청정과 평화를
증득하였으며 진리인 법의 이해를 통해서 열반을 실현한 분이다.

13 *Ye dhammā hetuppabhavā tesaṃ hetuṃ tathāgato āha.*
tesañca yo nirodho evaṃvādī mahāsamaṇo
Whatsoever things proceed from a cause. The Tathāgatha has explained the cause there
of, Their cessation, too, he has explained. This is the teaching of the Supreme Sage.

《율장》〈대품〉 I 41

비록 짧긴 하지만 이 게송은 결코 모호하지 않은 언어로 연기 또는 조건지어짐에 대해 설명하고 있다.

경전에 쓰여 있듯이, 부처님은 깨달으신 직후 일주일 동안 가야(지금의 붓다가야)에서 해탈의 무상법열無上法悅을 누리시며 보리수 아래 앉아 계셨다. 이레가 지나자 정定에서 나오시고는 초야[14] 동안 줄곧 사물이 생겨나는 과정을 순서대로 숙고했다[順觀 *anuloma*].

이것이 있어서 저것이 있게 되고, 이것이 생겨남에 따라 저것이 생겨나는구나. 즉 무명無明에 의존해서 행行이, 행에 의존하여 식識이 … 등등 … 그래서 이 엄청난 고苦의 무더기가 생겨난 것이구나.[15]

그러고 나서 중야中夜에 부처님은 사물이 어떻게 멸하

[역주] 법륜·하나 《부처님, 그분》 ; 법륜·열넷 《사아리뿟따 이야기》 〈고요한소리〉 참조.

14 초야初夜는 고대 인도에서 밤 시간을 셋으로 나눈 것 중 첫 번째. 저녁 6시경부터 10시까지, 중야中夜는 10시부터 2시까지, 후야後夜는 2시부터 6시까지.

15 연기의 12요소의 완전한 공식은 본 글의 부록 참조.

게 되는지 그 과정을 숙고했다[逆觀 paṭiloma].[16]

이것이 있지 않을 때에는 저것이 있지 않게 되고, 이것이 멸함에 따라 저것이 멸한다. 즉 무명이 완전히 멸하게 됨에 따라 행이 멸하고 … 등등 … 이리하여 이 모든 고苦의 무더기가 멸하게 되는구나.

후야後夜에 부처님께서는 사물의 일어남과 사라짐에 관해 숙고한 결과 이렇게 연기관을 이루게 되었다[順逆觀].

이것이 있을 때 저것이 있게 된다. 이것이 생겨남에 따라 저것이 생겨난다. 이것이 있지 않을 때에는 저것이 있지 않게 된다. 이것이 멸함에 따라 저것이 멸한다. 즉 무명에 의존하여 행이 있고 … 등등 … 이리하여 이 모든 고의 무더기가 생겨난다. 무명이 완전히 멸하게 됨에 따라 행이 멸하고 … 등등 … 이리하

---

16 일반적으로 빠알리어 '아눌로마'는 '순서대로', '빠띨로마'는 '역순으로'라고 번역되는데 '역순'이라는 말이 꼭 맞는 말은 아니다. 왜냐하면 '역순으로'는 '끝에서부터 시작으로'라는 의미이기 때문이다. 연기 요소들의 생기와 멸은 둘 다 시작에서부터 끝을 향한다. 예를 들어 무지[無明]가 일어나면 행行이 일어나고 등등으로 계속되고, 무지가 멸하면 행이 멸하고 등등으로 이어진다.

여 이 모든 고苦 무더기의 끝남이 있게 된다.[17]

　여기서 어떤 사람은 왜 부처님이 베나레스의 사르나트에서 예전 도반이었던 다섯 사문에게 설한 첫 법문[18]에 이 '연기'의 교의를 포함시키지 않았는지 의문을 품을만하다. 이에 대한 대답은 이렇다. 그 중요한 법문의 핵심은 사성제四聖諦였다. 고苦와, 고의 원인[集起]과, 고의 멸滅과, 고의 멸에 이르는 길인 팔정도[道]였다. 첫 법문에는 '연기'에 관한 언급이 없다. 그러나 연기의 철학적, 교의적 중요성을 이해하는 사람이라면 12지 연기가 일어나는 순서[順觀]와 멸하는 순서[逆觀]의 두 형식 모두 사성제에 포함되어 있다는 것을 곧 이해할 것이다.

　다시 말해, 생겨나는 순서대로의 연기는 고*dukkha*[첫 번째 진리]와 고의 형성과정*dukkha-samudaya*[두 번째 진리]을 분명히 드러내고, 멸하는 순서로 본 연기는 고의 멸*dukkha-nirodha*[세 번째 진리]과 고를 멸하는 과정*dukkha-nirodha*

---

17 《감흥어》1장
18 〈초전법륜경〉; 《상응부》 V권 420쪽 ; 《율장》 I 10-12

gāminī paṭipadā[네 번째 진리]을 분명하게 밝히고 있다. 이런 사실을 밝혀주는 부처님의 말씀이 《증지부》에 이렇게 나온다.

비구들이여, 고의 일어남[集起]이라는 성스러운 진리란 무엇인가?

무명無明에 의존해 행行이 일어나고, 이 행行에 의존해 식識이, 식에 의존해 명색名色(심신의 결합)이, 명색에 의존해 육처六處[다섯 개의 육체적 감각기관(안이비설신眼耳鼻舌身)과 여섯 번째 것으로 의意]가, 육처에 의존해 촉觸이, 촉에 의존해 수受가, 수에 의존해 애愛가, 애에 의존해 취取가, 취에 의존해 유[再有]가 있다. 유가 있기에 생生이 있고, 생이 있기에 늙음[老], 죽음[死], 슬픔[愁], 비탄[悲], 괴로움[苦], 근심[憂], 절망[惱]이 있게 된다. 이렇듯 고의 모든 무더기[苦蘊]가 생겨난다.

비구들이여, 이를 일러 고의 일어남이라는 성스러운 진리라 한다.

그리고 비구들이여, 무엇이 고의 멸이라는 성스러운 진리인가?

무명이 없다면 행이 그치고, 행이 멸하면 식이 그치고 … 등등. 그래서 모든 고의 무더기가 끝난다. 비구들이여, 이것을 일러 '고의 멸'이라 한다.[19]

위에 언급한 예만으로도 이제 연기의 가르침이나 거기에 언급된 열 두 요소[支]가 부처님의 가르침이지, 후대의 저술가들이 법에 관해 쓰면서 만들어 낸 것이 아니란 점은 충분히 밝혀졌으리라 본다. 연기처럼 중요한 교의를 충분한 이해도 없이 함부로 논하고 단정하는 것은 비이성적일 뿐 아니라 매우 위험하기까지 하다.

연기 또는 연이생론緣已生論을 흔히 소박한 일상적 용어로 설명하지만 그런다고 해서 이것을 단순히 실용주의적 가르침에 그치는 것으로 생각해서는 안 된다. 간결하게 설명하다 보니 그렇게 비쳐진 것일 뿐이다. 불교 경전인 삼장三藏에 밝은 이들은 연기의 가르침 안에 정법正法 saddhamma의 기본 원리인 올바른 앎[智 ñāṇa]과 지혜[慧 paññā]를 지피는 요인들이 들어 있다는 것을 안다. 이 세

---

19 《증지부》 I 권 176~177쪽

상 모든 것과 오온五蘊이 조건지어져 있다고 설하는 이 가르침에서 부처님 인생관의 핵심이 드러난다고 보겠다. 그래서 깨달은 분 부처님의 세계관을 올바르게 이해하려면 앞서 인용한 '원인이 있어 생겨나는 것은 무엇이든 …'이라는 게송 안에 요약되어 있는 이 핵심적인 가르침을 온전히 파악하지 않으면 안 될 것이다.

연기*paṭicca samuppāda*의 교의는 신적 권능이 만들어낸 작품이 아니다. 그것은 결코 창조된 것이 아니다. 부처님이 세상에 나타나거나 나타나지 않거나 간에, 진실은 이렇다.

이것이 있어서 저것이 있게 된다.
이것이 생겨남에 따라 저것이 생겨난다.
이것이 있지 않을 때에는 저것이 있지 않게 되고,
이것이 멸함에 따라 저것이 멸한다.[20]

---

20 《중부》 79경 〈사꿀루다이에게 해주신 짧은 말씀 경〉 II권 32쪽
imasmiṃ sati idaṃ hoti - imass'uppādā idaṃ upapajjati, imasmiṃ asati idaṃ na hoti - imassa nirodhā imaṃ nirujjhatīti.
[역주] 법륜·하나 《부처님, 그분》(2022) 44쪽 〈고요한소리〉 참조

이 조건 지어짐은 그 어떤 종류의 힘이나 외부 매개자에 의한 방해도, 제어도 받지 않으면서 영원히, 끊임없이 계속된다. 이와 같은 영원한 진리를 마침내 부처님이 발견해 내시고는 이를 열두 요소로 이루어진 연기로 이해함으로써 생의 수수께끼도 풀어내고, 존재의 신비도 벗겨 내셨다. 뿐만 아니라 광명을 구할 만한 지성만 갖추었으면 그 누구에게든 아낌없이 성의껏 설명해 주셨다.

1. 무명無明 *Avijjā*

이제 '연기*paṭicca samuppāda*'의 열두 요소를 순서대로 하나하나 다루어 보기로 하자. 첫 번째로 다루게 되는 것이 아윗자*avijjā*, 바로 무명無明이다. 모하[*moha* 어리석음 癡闇]와 안냐나[*aññāṇa* 無智]는 아윗자의 동의어이다. 무명이란 무엇인가? 궁극의 깨달음에 대한 무지이다. 다른 말로 하면 사성제를 알지 못하는 것이다. 또한 연기를 알지 못하는 것이다. 이런 무지 때문에, 세속인은 정법을 배우기 전에는 그릇된 견해를 품고 있을 수밖에 없다. 그들은 무상을 놓고 영원한 줄, 고를 놓고 즐거운 줄, 무아를 놓고 아我인 줄, 무신無神을 놓고 유신인 줄, 부정을 놓고 청정한 줄, 비실재를 놓고 실재인 줄 여긴다. 또 무명은 오온, 즉 마음과 몸의 집괴성集塊性을 알지 못하는 것이기도 하다.

모든 불건전한 행위, 모든 도덕적 더럽혀짐, 일체의 불선함은 무명 또는 어리석음에서 비롯된다. 마음으로, 입으로, 몸으로 짓는 나쁜 행위치고 무명이라는 이 근본 오염원과 연관되지 않고 행해질 수 있는 것은 없다. 그래서 무명이 12지연기에서 첫 번째 요소로 꼽히게 된다. 그렇다고 해서 무명을 서양 철학사에서 말하는 최초의 원인이나 통념상의 최초의 시발始發 또는 사물의 궁극적 기원으로 생각하면 안 된다. 또 그것은 분명히 서양종교에서 말하는 최초의 원인, 즉 창조주 신이 아니다. 불교 사상에서는 최초의 원인과 같은 개념 자체가 없다.

'연기'의 교의를 동그란 원으로 그려 설명하는 것도 가능하다.(본 글의 부록 참조) 왜냐하면 연기는 존재의 사이클 *bhava cakka*이기 때문이다. 둥근 원에서는 어떤 점이든 모두가 시작점이 될 수 있다. '연기'의 각 요소는 모두 다른 요소와 서로 연결될 수밖에 없고 그렇기 때문에 어떤 요소도 홀로 존재하지 않고, 나머지 요소들과 떨어져서 따로 작용할 수도 없다. 모두가 서로 의존하고 있어서 떼어낼 수도 없다. 그 어느 것도 독립적으로, 고립되어 존재하지 않는다는 의미다. 따라서 연기는 중단 없이 서로 맞물려 돌아가는 진행 과정이다. 이 과정 안에서 그 어떤 것도 흔들리지 않고 붙박아 있을 수 없으며, 모든 것이 빙빙 돌고 돈다. 그것은 다시 말해 금방 나타났다 금방 사라진다는 점에서 서로 닮은 그런 덧없는 조건들[緣]에 의존해서 계속 변하여 마지않는 조건들의 생기生起 현상이다. 여기에는 절대적으로 존재하는 것도, 절대적으로 존재하지 않는 것도 없다. 다만 맨 현상만이 굴러가고 있을 뿐이다.

그러므로 무명이 이 일련의 연속 과정의 첫 요인으로 자리하고 있긴 하지만 두 번째 요소인 행行 *saṅkhārā*의 유일한 조건이 되는 것은 아니다. 예를 들어 삼각대는 세 개의 다리로 지지된다. 세 다리가 서로 의지해서 똑바로 서 있는 것이다. 만약에 다리 하나가 부러지면 나머지 두 다리로는 지탱하지 못하고 넘어진다. 마찬가지로 '연기'의 요소들은 다양한 방식으로 서로를 지탱하고 있다.

2. 행行 Saṅkhāra

무명을 연으로 하여 재생을 낳는 행行 saṅkhārā이 일어난다[無明緣行].[21] '행'이라는 용어는 다른 의미도 지니고 있다. '제행은 무상하다.[諸行無常 sabbe saṅkhārā aniccā, aniccā vata saṅkhārā]'라고 할 때의 행은 모든 결합되고 조건지어진 것들에 해당된다. 다시 말해 인因과 연緣의 결과로서 존재하게 된 모든 것, 그러면서 또 다시 그 자신이 인이 되고 연이 되어 다른 결과를 일으키는 그 모든 것들이라는 의미이다. 그러나 연기에서 행은 단지 선하거나 불선한 행위일체, 그 중에서도 어떤 결과를 가져오게 될 모든 신체적, 언어적, 심적 행위들[身行 kāya saṅkhāra, 口行 vaci saṅkhāra, 心行 citta saṅkhāra]만을 의미하는 것으로 한정된다. '상카아라saṅkhāra '[22]라는 빠알리어pāli를 다른 외국

---

21 *Avijjā paccayā saṅkhārā*

22 [역주] 행*saṅkhāra* : 빠알리어로 복수형을 취하고 있어 제행諸行으로 옮길 수 있으며, 저자는 volitional formations이라고 표현하고 있어, 본문에서는 의도적 형성, 형성 작용, 행行 등으로 옮김.

어로 옮기기는 쉽지 않다. 그러므로 여기서는 재생을 초래하는 의도적 행위들 또는 의도적 형성 작용, 아니면 간단히 업業이라고 이해해두기로 하자.

무명이 인간 속에서 생장하면 맹목이라는 병이 된다. 이 병에 걸리면 인간은 자신의 행위를 '있는 그대로' 볼 수 없게 되고, 그 결과 갈애가 더욱 더 행위를 짓도록 자신을 내모는 것을 용인하게 된다. 무명이 없었다면 이런 일들이 벌어질 수 없었을 것이다. 무명이 연緣으로 작용하는 이런 일들이 벌어지지 않는다면 재생이란 현상도 있을 수 없을 것이고 재생이 없는데 어떻게 고가 지속될 수 있겠는가. 이제 이런 생의 연쇄 순환의 실상을 연기의 12지와 관련시켜 상세히 논해 보기로 하자. 우선 이 12지를 과거, 현재, 미래의 세 연속 존재계에 펼쳐놓고 살펴보자.

거기서 무명과 형성 작용[行]은 과거 존재계, 즉 전생前生에 속한다. 그렇다면 이 연기의 순환에서 전생은 어떤 의미를 지니고 어떤 역할을 하는가. 선善한 업은 좋은 재생으로 이끌 능력이 있다. 이는 좋은 존재 상태로 태어날 수 있다는 뜻을 내포한다. 물론 그 반대로 불선한 업은 악도惡途에 태어나는 원인이 될 수 있다는 것이다. 그런데 여기서 꼭 언급해 두어야 할 점은 선이든 악이든 모든 업은 무명을 연으로 하고 있다는 것이다. 그러면 당장 이런 의문이 생길 것이다. 무명을 조건으로 하는 행위가 어떻게 좋은 재생을 야기할 수 있는 것일까 하고.

선을 어디까지 이루어 내느냐, 다시 말해 선한 범부[23]나 예류향의 경지에서부터 저 높은 아라한의 경지에 이르기까지 그 모든 선이 어디까지 다다를 수 있는가 하는 것은 오로지 지혜가 치암을, 무욕이 욕심을 어느 만큼이나 넘어 섰느냐에 달려있다. 선한 행위는 행위 하는 사람이 어떤 것에 대하여 분명한 이해[智]를 가진 직접적인 결과이다. 사람이 살생 등등의 행위를 그만두는 것은 그와 같은 행위들의 나쁜 결과를 내다보는 지혜를 지니고 있기 때문이며 또한 그 사람이 자비심과 계행 같은 선한 심적 요소

---

23 [역주] 선한 범부*kalyāṇaputhujjana*: 아직 예류향의 경지에 이르지 못하였으나 그 경지를 지향하여 이에 합당한 생활습관 등을 유지하고 있는 사람을 일컫는다.(M. Cone,《*A Dictionary of Pāli*》)

에 마음이 움직였기 때문이다. 완전한 사람(그런 사람이 되긴 아주 드물겠지만)이 아닌 한, 완벽한 지식이나 무욕으로 처신하는 것은 가능한 일이 아니다. 대다수 사람들에게 그런 지식은 기대할 수 없다. 에딩턴의 말처럼 '…를 안다.' 란 어휘가 '아주 확신하고 있다.'는 것을 의미한다면 그런 용어는 독단적 태도를 피하고자 하는 사람들에겐 별로 소용에 닿지 않을 것이다.[24] 그리고 욕심 없다는 말이 항상 중립적이라는 뜻이라면 불완전한 사람에게는 전적으로 불가능하며 따라서 무의미한 말일 뿐이다. 그에 반해 때때로 경우에 따라 욕심을 놓는 일은 얼마든지 가능하며, 또 戒계를 지키는 지성인의 경우엔 선악을 분별할 뿐 아니라 금생에 당장 보답을 바라는 욕심으로 때 묻지 않은 현명한 행위를 실천에 옮길 수 있을 정도의 예지를 발하는 것도 가능하다.

이 세상에는 보상이나 인정을 받고 싶어서가 아니라 순수한 자비심이 우러나서 또는 지식, 평화 등등을 증장시

---

24 에딩턴Arthur Stanley Eddington, 《자연과학의 원리 *The Philosophy of Physical Science*》 캠브리지 대학 출판부, 1939, 9쪽

키기 위해서 행해진 일들도 얼마든지 있다. 그런 행위들은 분명히 지식과 무욕에 기반한 행위이지만, 그렇다고 해도 그 지식이나 무욕이 종교적, 학문적, 형이상학적 의미에서 지혜나 계행과 무관한 것일는지도 모른다. 그리고 단순히 건전하고 비독단적인 생각이라는 견지에서 지식이자 무욕으로 간주되는 것일 뿐일지도 모른다. 선한 행위들도 아마 내심으로는 어떤 동기를 가졌을 것이다. 예를 들어 그 선이 맺을 과일을 몹시 바라는 따위 같은 것이다. 하지만 이런 경우에 조차도 비록 그것이 탐심으로 때가 묻어버렸고 그만큼 미망에 젖어있는 것은 사실이지만 그런 선한 행위에는 예를 들어 보시행의 경우, 놓아버리는 무욕이 거기에 있고 일체 베풀 줄 모르는 것의 유해성과 베풂의 유익성을 판별하는 지혜가 담겨있는 것이다. 따라서 어떤 사람이 욕심과 무지가 있다고 해서 그 사람이 지혜와 무욕을 행할 여지가 전혀 없다는 것을 뜻하지 않는다.

비록 금생에 보상받기를 바라는 마음 없이 선한 행위를 할 수 있다 치더라도 그 사람에게는 선처善處에 재생하기를 갈망하는 마음 아니면 내생에 보상 받고 싶어 하는 기대심이 무의식적으로 작용할 수 있다는 것까지 부정해서는 안 될 것이다. 또 자비심에서 우러난 행위를 하고 있을 뿐이며 어떤 숨은 동기도 없다 하더라도, 그 사람이 아직 삶의 진정한 본질, 요컨대 생이 무상하고 슬픔으로 고통 받는 것이며 변함없는 실체나 영혼도 없다는 것을 충분히 알아차리지 못할 수도 있다. 이와 같은 생의 본질에 대한 이해의 부족이 극악행위를 유발하는 치암 만큼 크고 강력하지 않다면, 선한 재생으로 이어질 선업 행을 유발할 수는 있지만 이렇게 가까스로 얻은 재생이 천상계의 것일지언정 그것은 일시적인 데 그치고 곧바로 불행한 재생이 그 뒤를 잇게 될 것이다.

이처럼 이해가 부족해도 선행을 할 수 있고 그 때문에 선행의 모습으로 꾸미기도 한다. 예를 들어 선행의 동기가 천상세계 아니면 지상세계에서 좋은 재생을 받고 싶은 욕구 때문이었다면 그것은 일체 존재의 무상성과 불만족성에 대한 무지이다. 이것이 오히려 좋은 재생의 조건으로 작용한 것이며 강력한 유혹 또는 뒷받침이라는 면에서 친

의연親依緣 또는 근의연近依緣 *upanissaya paccaya*이다. 이런 식으로 또는 다른 여러 방식으로 무지가 세속적 성격의 선한 의도적 활동[行]을 유발하고 윤색하여 좋은 재생의 조건으로 작용할 수 있다. 이 역시 무명의 고유한 성질이다.

생의 진정한 본질에 대한 무지라 했지만 그것은 원래 사성제에 대한 무지, 즉 무명에 다름 아니다. 존재들이 거듭거듭 생을 받고 있는 것은 결국 이 진리들[四聖諦]에 대한 무지 탓이다.

부처님은 말씀하신다.

비구들이여, 그대들이나 나나 모두가 이 길고 긴 여정을 그렇듯 오랫동안 달려오고 그처럼 오랫동안 헤매어 온 것이 바로 사성제를 이해하지 못하고 꿰뚫어 알지 못했기 때문이다. (…) 그러나 이 네 가지 성스러운 진리를 이해하고 꿰뚫어 알고 나자 존재에 대한 갈애가 뿌리째 뽑혔고, 재유再有로 이끄는 그 당체는 파괴되었으니 이제 다시 존재[有]는 없다.[25]

---

25 《장부》〈대반열반경〉 II권 90쪽 ; 《상응부》 V권 432쪽 ; 《율장》 I권 231쪽.

모든 잠재적 성향과 괴로움의 원인이 뻗어낸 온갖 가지들을 완전히 근절해낸 사람, 그런 사람에 의해 행해지는 행위만이 재생력을 발휘하지 못 한다. 왜냐하면 그의 행위들은 무이숙無異熟행이어서 어떤 결과도 끌어오지 않기 때문이다. 그는 아라한이며, 완전한 분으로 그의 안목의 밝음, 그의 통찰의 깊이는 생사의 가장 깊은 이면까지도 꿰뚫고, 따라서 모든 드러난 상相 아래에 있는 본성을 인식함으로써 갈애를 완벽하게 종식시킨다. 그는 일체의 상相을 초월했다. 그는 꿰뚫는 통찰력, 위빳사나만이 가져다주는 완벽한 면역성으로 모든 과오의 여지를 초월했다. 그러므로 그는 무명에서 벗어나고 그의 어떠한 행위도 재생과 연결되지 않는다.

3. 식識 *Viññāṇa*

행行(전생에 속하는 재생-산출의 행)을 연으로 하여 식識(재연결식, 재생 의식 *viññāṇa*)이 일어난다[行緣識].[26] 이를 달리 표현하면 과거의 업*kamma* 또는 선행·악행에 의지해서 현생에 있어서의 의식의 삶이 조건 지어진다. 식識은 따라서 현존재에 소속되는 첫 요소, 조건 지우는 연결고리 중 첫 번째 것이다. 과거에 속하는 무명과 행行이 함께 금생에서의 식識을 만든다.《장부》〈대인연경〉에 다음과 같은 말씀이 있다.

일단 무명과 갈애가 소멸되면, 선하거나 불선한 행동이 더 이상 유有로 되지 않으며 따라서 재생식이 다시는 어머니의 자궁 안에 나타나지 않을 것이다.

그러니 자기 자신의 선하거나 불선한 행위가 원인이 되

---

26 *Saṅkhāra paccayā viññāṇaṃ*

어 재생이 있게 되는 것이지 어떤 지고至高의 존재, 창조자 신의 작품이 아니며 더욱이나 순전히 우연의 결과가 아니라는 것은 더 말할 나위가 없겠다.

지금 여기서 논의되는 식viññāṇa은 단일 존재적 개체에 소속되어 벌어지는 심상속心相續[27] 중 제일 첫머리에 해당되는 것이라는 점에서 '재연결식paṭisandhi viññāṇa'이라는 이름도 갖고 있다. 빠알리어 '빠디산디 paṭisandhi '는 문자 그대로 재연결, 재결합, 재합류를 의미한다. 구체적으로는 재-생, 재-입태이다. 원래 재생再生이란 미래에 생기生起, 존재에 도달함, 태어남을 가리킨다.[28] 그것이 재-통합이라 불리기도 하는 것은 새로운 존재를 이전 존재에 되연결시키기 때문이다.[29] 새것이 옛것에 되합류한다면 그것은 재-통합 또는 재-연결 기능을 수행하고 있다는 말이 된다. 그러므로 재-통합 기능이란 한 존재를 다른 존재와 합류시

---

27 *citta santati*

28 *paṭisandhīti āyatiṃ uppatti*

29 *bhavantara paṭisandhānato paṭisandhīti vuccati*

키는 것이라 봐야 한다.[30] 재연결식은 재생의 과정에 참여하여 작용하는 업의 보식[異熟識 *vipāka viññāṇa*]으로 새로운 존재를 직전의 존재와 연결하며 그럼으로써 재-탄생한 '유'를 그것의 모든 과거와 맺어준다. 이 이숙식이 전생에 행해진 재생-산출 능력을 가진 행 또는 업[31]에 기인한 것이기 때문이다.

〈부동不動의 경지에 유익한 경〉[32]에서 이에 대한 설명을 볼 수 있으니 이숙식異熟識을 전생에 지은 업으로부터 온 결과로서 새로운 생에 연결되어 거기에서 속행續行되는 식[33]이라 설명하고 있다.

'…에 연결되는 식'이라고 할 때 그 식이 변함이 없이 건재한 채, 이번 존재의 사이클을 걸쳐서 꺼지지 않고 같은 상태로 지속한다는 뜻이 아니다. 식 또한 조건지어지고

---

30 *bhavato bhavassa paṭisandhānaṃ paṭisandhi kiccaṃ*

31 *saṅkhārā* 또는 *kamma*

32 《중부》106경, II권 262~264쪽

33 *saṃvattanikaṃ viññāṇaṃ*

따라서 그것은 항구적이지 않다. 식 또한 생겨났다가 새로운 식에게 자리를 내주고 없어진다. 이런 식으로 의식의 끊임없는 흐름은 존재가 멸할 때까지(해탈할 때까지) 계속된다. 따라서 존재 그 자체도 어떻게 보면 식 바로 그것이라 할 수 있다. 식이 없으면 어떤 '유有'도 이 감각계[34]에 존재하지 않는다.

재생에 관한 불교 교리에서는 제 삼의 요소가 재생과정에 있어야 하는데, 이것이 바로 간답바*gandhabba*[35]로, '재연결식*paṭisandhi viññāṇa*'을 이르는 말이다. 바로 직전생에 속하는 식識의 마지막 순간인 사식死識 *cuti citta*이라는 것이 있다. 그 식이 그친 다음 바로 이어서 금생 식識의 첫 순간이 일어나는 바, 이를 앞서 말했듯이 재연결식이라 한다. 그러나 이 두 식 사이에 어떤 간격도 없으며, 일부 대승불교사상에서 주장하는 중유中有 *antarā-bhava*, 즉 '자궁 속에 있거나 또는 죽음의 상태와 재생상태의 사이

---

34 [역주] 감각은 내처內處·외처外處와 식識의 삼자 화합으로 이루어진다. 식이 없으면 촉이 이루어질 수 없다.

35 《중부》 38경 〈갈애의 멸에 대한 긴 경〉 I권 265~266쪽

나 그 안에 있는 존재'[36]라는 것도 없다. 재연결식은 선·불선 행위[業]의 과보*vipāka*를 경험하는 '자기', '영혼' 또는 어떤 자아적 실재가 아니라는 것을 분명히 이해해야 한다. 〈갈애의 멸에 대한 긴 경〉에 다음과 같은 일화가 있다.

부처님 재세시에 사아띠라는 이름의 비구가 있어 다음과 같은 견해를 지니고 있었다.

내가 이해하는 한 부처님께서 가르치신 법에 따르면 한 생에서 다음 생으로 이어지면서 재생을 거듭하는 것은 하나의 동일한 식이다.

이 말을 들은 비구들이 사아띠를 설득하려고 애썼다.

벗, 사아띠여, 그렇게 말하지 마시오. 세존의 가르침을 잘못 전하지 마시오. 세존의 가르침을 잘못 전하는 것은 옳지 않습니다. 뿐만 아니라 세존께서 그런 말씀을 하실 리가 없지 않습니까. 세존께서 여러 방편을 써서 식識이 연이생緣已生임을

---

36 《입능가경入楞伽經 *Lankāvatāra sūtra*》

설하셨습니다. 심지어 '연기를 떠나서는 식이 생겨날 수 없다.' 라고까지 말씀하셨습니다.

그러나 사아띠는 자기 의견을 고집하였다. 그러자 비구 들이 이 문제를 부처님께 고하였고, 부처님께서는 사아띠 를 불러 이렇게 말씀하셨다.

사아띠여, 듣건대 너는, 내가 가르친 법에 따르면 '한 생에서 다음 생으로 계속 달려가는 것은 식이지 다른 것일 수는 없다.'라는 잘못된 생각을 고집한다는데 사실인가?

그렇습니다, 세존이시여, 저는 '한 생에서 다음 생으로 계속 달려가는 것은 식 그 자체이지 다른 것일 수는 없다.'라고 세 존께서 가르치신 줄로 이해하고 있습니다.

사아띠여, 이 식이란 무엇이냐?

세존이시여, 그것은 이런 것입니다. 즉, 말을 하고, 느끼는 주 체이고, 또 아름답거나 추한 행위들에 대해 그 과보를 이곳 아니면 저곳에서 경험하는 것입니다.

어리석은 자여, 여래가 누구에게 법을 그와 같이 가르쳤다고 알고 있느냐? 어리석은 자여, 조건을 떠나서는 식이 생겨날 수 없다고 누누이 말함으로써 식이 조건들에 의해 생겨난다는 것을 말하지 않았느냐? 그런데 어리석은 자여, 그대가 잘못 이해하고는 여래의 가르침을 그릇되게 전하고 있을 뿐 아니라 그대 자신도 해치는, 오랫동안 그대의 고뇌와 고통이 될 큰 잘못을 저지르고 있구나.[37]

부처님의 말씀에 의하면 연기는 매우 심오하고도 난해한 교리다. 이 어려운 교리 중에서도 가장 미묘하고도 심오한 핵심, 파악하기 힘든 부분이 바로 이 세 번째 요소인 식*viññāṇa*, 또는 재연결식*paṭisandhi viññāṇa*이다. 재생을 설명해주는 것이 바로 이 요소이기 때문이다.

---

37 이 구절은 《중부》 38경의 영역본인 《중간 길이의 말씀들 *The Middle Length Sayings*》 I, 313쪽, PTS, 런던, 1954에서 인용함.

4. 명색名色 *Nāma-Rūpa*

식을 연으로 하여 명색이 일어난다[識緣名色].[38] 여기서 명은 마음 작용[心所 *cetasika*]을 뜻하며 달리 말해 세 가지 정신적인 무리들, 즉 느낌의 무리,[39] 지각의 무리,[40] 형성의 무리[41]를 의미한다.

소위 존재[有情, *satta*]라고 하는 것은 다섯 무더기로 이루어지니 즉 육신[色], 느낌[受], 지각[想], 형성[行], 식識이다. 여기서 식을 마음이라 본다면 느낌[受], 지각[想], 형성[行]은 그 마음의 부수물 또는 요소가 된다. 따라서 우리가 식에 연하여 명색*nāma-rūpa*이 일어난다고 할 경우, 거기서 색은 육신과 그에 속하는 기관들, 기능들 그리고 작

---

38 *Viññāṇa paccayā nāma-rūpam*

39 *vedanākkhandha* 受蘊

40 *saññākkhandha* 想蘊

41 *saṅkhārakkhandha* 行蘊

용들을 의미하는 것이 된다. 그리고 정신[名]은 앞서 설명한 마음의 요소들을 의미한다. 이것을 달리 표현하면 '식을 연으로 하여 명색이 일어난다.'라는 말은 식에 의존해서 세 가지 정신적 부수요소(느낌[受], 지각[想], 형성[行])가 일어나며 이들이 정신을 구성하고 이와 더불어 초기 배아 상태의 육신도 동시에 발생한다고 할 수 있다.

식과 식의 요소들[心과 心所: *citta-cetasika*]은 언제나 서로 밀접한 관계에 있을 뿐 아니라 상호 의존적 관계에 있다. 식은 그 요소들과 떠나서 홀로 일어날 수도 작용할 수도 없고, 그 요소들도 식이 없으면 일어날 수도 작용할 수도 없다. 그 둘은 동시에 생기하는 조건이며*sahajāta-paccaya* 독립적 존재를 지니지 않는다.

5. 육처六處 Saḷāyatana

명색名色을 연으로 하여 육처六處가 일어난다[名色緣六處].[42] 육처는 눈, 귀, 코, 혀, 몸, 다섯 가지 육체적 감각기관들과 마음의 기반[意處 manāyatana]이다. "여기서 말하는 마음의 기반[意處]은 여러 상이한 부류의 식을 집합적으로 일컫는 말인 바, 다섯 감각-식[眼識, 耳識, 鼻識, 舌識, 身識]과 여러 종류의 의식意識을 포함한다. 그러므로 눈, 귀, 코, 혀, 몸 등 다섯 기반은 육체적 현상에 속하고, 여섯 번째 의意의 기반은 식識과 비슷하다."[43]

식의 작용은 다양하다. 우리는 연기의 연결 고리 세 번째 요소가 식인 줄 알고 있다. 그런데 다시 육처의 여섯 번째 기반인 의처意處가 식과 비슷한 것이라는 얘기를 듣는

---

42 *Nāma-rūpa paccayā saḷāyatanaṃ*

43 냐나띨로까*Nyāṇatiloka*, 《불교의 근본교리 *Fundamentals of Buddhism*》 콜롬보, 1949, 67쪽

다. 혼란스러울 수 있지만 여기서 말하는 의처는 여러 상이한 유형의 식을 의미한다. 명심해야 할 것은 식識은 불변의 것이 아니고 항상한 것이 아니라는 점이다. 그것은 단두 연속 순간 동안에도 동일한 상태로 머물지 않고 변화를 겪는다. 식은 존재체에 들어오자마자 새로운 식에 자리를 양보하고는 없어진다. "말하자면 이러한 정신 현상들은 번개처럼 매 순간 번쩍 나타났다가 곧바로 영원히 사라져버리는, 식識의 구성단위들의 상이한 모습일 뿐이다."[44]

명색(정신성·물질성)이 없다면 여섯 기반인 육처六處 *saḷāyatana*는 일어날 수 없다. 물질성[色]때문에 눈, 귀 등육체적 감각 기관이 나타나며, 또 의처(여러 상이한 유형의 식)가 있기 때문에 그 육체적 감각 기관들이 작용을 하는것이다. 이와 같이 명색*nāma-rūpa*과 육처는 떼려야 뗄 수 없게 서로 연관되어 있고 서로 의존하고 있다.

---

44 같은 책, 65쪽

6. 촉觸 *Phassa*

육처를 연으로 하여 촉이 일어난다[六處緣觸].[45] 앞에서 우리는 눈, 귀 등 여섯 기반[眼耳鼻舌身意]에 대해 말했는데 이들은 내적 기반들[內處 *ajjhattika-āyatana*]이다. 이들에 대응해서 몸 바깥에 다섯 가지 감각 대상, 곧 형상, 소리, 냄새, 맛, 감촉대상[色聲香味觸]이 있고 여기에 더하여 마음의 대상[法]이 있다. 이들을 여섯 외적 기반[外處 *bāhira-āyatana*]이라 한다. 이들 외적 기반은 인간의 내적 기반을 위한 먹거리이며 서로 연계되어 있는 것이다. 이처럼 여섯 감각기관과 그 대상 사이에 기능적인 연관성은 맺어져 있지만 알아차림이 이루어지려면 식이 개입되어야 한다. 그래서 '눈과 형상들 때문에 식이 일어날 경우, 그것을 안식眼識이라 부른다.'

---

45 *Saḷāyatana paccayā phasso*

자! 지금 우리는 눈과 형상이라는 두 가지 조건이 갖추어지면 그 둘에 의지해서 안식이 생긴다고 했다. 마찬가지로 귀와 소리가 있을 때 … 마음[意]과 마음의 대상[法]이 있을 때, 그 각각에 상응해서 식이 생긴다. 다시 눈[內處], 형상[外處], 안식[識], 이 셋이 동시에 함께 만나는 것을 '촉觸'이라 부른다. 촉으로부터 느낌이 일어나고, 느낌으로부터 갈애가 일어나고, 등등 계속된다.[46]

그러므로 촉은 내적 여섯 기반과 외적 여섯 기반 그 둘에 의해서 조건지어진다는 것이 명백해진다.

간단히 말해서 '육처를 연으로 하여 촉이 일어난다.'라는 말은 시각적 접촉은 눈에 의해서 조건지어지고, 소리의 접촉은 귀에 의해서 조건지어지고, 냄새의 접촉은 코에 의해서 조건지어지고, 맛의 접촉은 혀에 의해서 조건지어지고, 신체적 접촉은 몸에 의해서 조건지어지며, 정신적 접촉은 마음[意]에 의해서 조건지어진다는 의미이다.

---

46 《중부》 18경 〈꿀과자의 경〉, 38경 〈갈애의 멸에 대한 긴 경〉

7. 수受 *Vedanā*

촉을 연으로 하여 수受가 일어난다[觸緣受].⁴⁷ 느낌[受]
은 여섯 종류다. 시각적 접촉에서 생긴 느낌, 소리 접촉에
서 생긴 느낌, 냄새 접촉에서 생긴 느낌, 맛 접촉에서 생긴
느낌, 신체 접촉에서 생긴 느낌, 정신적 대상의 접촉에서
생긴 느낌이다.

느낌에는 즐거운[樂 *sukha*] 느낌, 괴로운[苦 *dukkha*] 느낌,
즐겁지도 괴롭지도 않은[不苦不樂 *adukkhamasukha=upekkhā*]
느낌이 있다.

앞서 언급했듯이 각각의 감각 대상들은 그에 상응하는
종류의 의식의 개입이 없으면 감각 기관 자체의 감수성만
으로는 지각될 수 없다. 하지만 이들 세 요소가 마주칠 때
촉이 일어난다. 촉이 생기면 그와 동시에 느낌[受]이 반

---

47 *Phassa paccayā vedanā*

드시 일어나며, 이는 그 어떤 힘이나 강제로도 막을 수 없다. 촉과 느낌의 본성이 원래 그렇기 때문이다. 느낌이 일어나게 되는 데에는 여러 선행 조건들이 있기 마련인데, 금생에 혹은 전생에서 지은 선행, 악행의 업보를, 그것이 바람직하든 바람직하지 않든, 겪는 것이 그 선행 조건들 중 하나이다.

형상을 보며, 소리를 들으며, 냄새를 맡으며, 맛을 보며, 감촉할 수 있는 것을 만지며, 정신적 대상(생각)[法]을 인식하며 우리는 어떤 느낌을 받는다. 그러나 모든 사람들이 같은 대상을 대한다고 해서 같은 느낌을 경험한다고 말할 수 없다. 예를 들어 누군가에게 즐거운 느낌을 주는 대상이 다른 사람에게는 괴로운 느낌을 줄 수도 있고, 또 다른 사람에게는 무덤덤한 느낌을 줄 수도 있다. 또한 상황에 따라 느낌이라는 것은 달라질 수 있다. 한 때 우리에게 괴로운 느낌을 주었던 감각 대상이 전혀 다른 지리적 조건, 기후 조건 등 다양한 조건 속에서는 얼마든지 즐거운 느낌을 불러 올 수 있다. 그래서 우리는 느낌이 어떻게 촉에 의해 조건지어지는지를 알게 된다.

8. 애愛 *Taṇhā*

수受를 연으로 하여 애愛가 일어난다[受緣愛].[48] 갈애
[愛]는 느낌에 근거를 두고, 느낌에서 발생하고, 느낌으
로 인해 증대된다. 모든 형태의 욕기欲氣들이 갈애, '딴하
taṇhā'에 포함된다. 탐욕, 갈망, 욕구, 육욕, 열망, 동경, 희
구, 기호, 애정, 가족애 이들은 갈애의 외양을 나타내는
많은 용어들이다. 부처님 말씀에 의하면 갈애는 존재有를
향해 이끌어 가는 주장主張이다. 존재란 우리가 몸소 겪
는 괴로움, 좌절, 고통스런 격정, 즉 고苦의 모습으로 드러
난다. 온갖 악이 생류에 범접하는 통로가 바로 이 갈애이
기 때문에 이것이야말로 온 세상의 적이다. 인간들은 이
갈애 때문에 온통 혼란스런 뒤엉킴에 빠져든다. 그렇지만
갈애를 분명히 이해하고, 갈애의 발단을 분명히 이해하
고, 갈애의 끝남을 분명히 이해하고, 갈애를 끝내는 진정
한 수행도修行道를 분명히 이해하면 그 사람은 이 혼란스

---

48 *Vedanā paccayā taṇhā*

런 뒤엉킴을 풀 수 있다.

그런 갈애를 어떻게 이해해야 될 것인가? 여기인가 하
면 어느덧 저기에 가서 마냥 새로운 낙을 찾아내고 또 거
기에 격렬한 즐김이 따라 붙어서 재유, 재생의 원인이 되
고 있는 것, 그것이 갈애다. 갈애는 감각적 즐거움에 대
한 갈애[欲愛 kāma-taṇhā], 계속 존재하고 싶어 하는 유有에
대한 갈애[有愛 bhava-taṇhā], 존재하고 싶지 않아서 자기 멸
절을 구하는 갈애[無有愛 vibhava-taṇhā]가 그것이다.[49]

> 그럼 갈애는 어디에서 일어나고 뿌리를 내리는가? 낙과 즐거
> 움을 주는 것이 있는 곳, 그곳에서 갈애가 일어나고 뿌리내린
> 다. 형상, 소리, 냄새, 맛, 신체적 접촉, 정신적 대상[法]은 낙과
> 즐거움을 준다. 거기서 갈애는 일어나고 뿌리를 내린다.[50]

갈애가 일어났을 때 어떤 이유로든 저지를 받으면 분노
와 좌절로 변한다.

---

49 《상응부》〈초전법륜경〉 V권 421쪽
50 《장부》〈대념처경〉 II권 308~309쪽

갈애로부터 비탄이 생기고, 갈애로부터 두려움이 생긴다.
갈애에서 완전히 벗어난 이에게는 비탄이 없다.
그러니 두려움인들 있으랴?[51]

사람은 항상 즐거움과 쾌락에 끌리고 즐거움을 찾아 끊임없이 여섯 감각 대상을 좇으며 그것들에 매달린다. 형상, 소리, 냄새, 맛, 접촉 대상, 정신적 대상[法] 그 어느 것도 눈, 귀, 코, 혀, 몸, 마음[意]을 절대로 만족시켜줄 수 없다는 것을 알아차리지 못한다. 갖고 싶은 것을 소유하려 하고 욕망을 충족하려고 하는 강렬한 목마름 속에서 인간은 윤회*saṃsāra*의 수레바퀴에 매이지 않을 수 없고 격심한 고뇌의 바큇살 사이에서 뒤틀리고 찢기며 살 수밖에 없다. 그러면서 궁극적 해탈의 문을 단단히 걸어 잠그고 있다. 부처님께서는 이러한 광란의 질주를 단호하게 질책하시며 경고하신 바 있다.

쾌락은 속박이니,
기쁨도 순간이며, 맛도 순간.

---

51 《법구경》 216게

끝내 기나긴 고통으로 이끌 뿐.
현명한 이는 그것이 낚싯바늘에 달린 미끼임을 잘 안다.[52]

모든 세속적인 즐거움은 덧없다. 그것들은 달콤한 설탕을 바른 독약처럼 우리를 기만하고 모르는 사이에 해를 끼친다. 앞서 말했듯이 이러한 대상들을 향한 갈애가 관능적인 즐거움과 관련될 경우, 이를 '관능적 갈애[慾愛]'라 한다. 영원한 인간 존재에 대한 믿음과 관련된 것일 때, 그것은 '지속적 존재에 대한 갈애[有愛]'라 한다. 상견常見 *sassata diṭṭhi* 또는 영원주의라 일컫는 것이 바로 이것이다. 죽으면 자아가 끝난다는 믿음과 관련된 것은 '자아 멸절을 구하는 갈애[無有愛]'라 한다. 단견斷見 *uccheda-diṭṭhi* 또는 허무주의라 알려진 것이 그것이다.

갈애를 빚는 조건에는 즐겁고 유쾌한 느낌뿐 아니라 불행하고 즐겁지 못한 느낌도 포함된다. 고뇌에 찬 사람은 그 고뇌를 떨쳐버리기를 갈구하고 열망하며, 행복을 소망하고 고뇌에서 벗어남을 소망한다. 다른 말로 하면, 가난

---

52 《숫따니빠아따》 61게

하고 궁핍한 사람, 병들고 장애가 있는 사람 등 간단히 말해 모든 고통 받는 이들은 행복과 안전과 위안을 갈구한다. 한편, 비탄에 빠진 사람들의 고통에 눈길 한 번도 던져본 적 없는 부자, 건강한 이들, 이미 즐거움을 경험하고 있는 이들 역시 더욱 더 많은 즐거움을 갈구하고 소망한다. 이렇듯 갈애는 만족할 줄 모른다. 가축들이 풀밭을 찾아 돌아다니듯이, 사람들은 끊임없이 이 삶이라는 불꽃을 태울 기름을 찾아 덧없는 즐거움을 좇아 헤맨다. 그런 인간들의 욕심은 절제될 수가 없다.

모든 것은 불타고 있고, 모든 것은 불꽃에 싸여있다. 그런데 불타고 있는, 불꽃에 싸여 있는 '모든 것'이란 무엇인가? 다섯 감각 기관과 다섯 감각 대상이 불타고 있다. 마음[意]과 생각[法]이 불타고 있다. 즉 오취온*pañca upādānakkhandhā*이 불타고 있다. 오취온은 무엇으로 불타고 있는가? 갈애의 불로, 증오의 불로, 미망의 불로 타오르고 있다.[53]

---

53 《율장》 I, 34~35. 자세한 내용은 삐야닷시 스님의 《붓다의 옛길*The Buddha's Ancient Path*》(BPS 1987) 163~164쪽 ; (우리말 역서는 시공사, 1996) 192~193쪽 참조.

연료가 있는 한 불은 계속 탄다. 우리가 연료를 대주면 줄수록 불길은 더욱 더 타오른다. 생명의 불꽃 역시 이와 마찬가지다.

갈애는 만족을 모르는 불길인 바, 언제 만족해서 멈추는 불길을 본적이 있는가. 갈애라는 오염원의 본성은 만족을 모른다. 때문에 갈애는 존재들이 머무는 계界로 따지면, 최상의 존재계[有頂 *bhavagga*]에까지 미치고, 마음의 흐름 측면에서 보자면 성인의 반열에 입문하기 직전인 종성심種姓心 *gotrabhū citta*에 이르기까지 퍼져 있다. 자아에 대한 욕구가 없는 그곳에는 진실로 감각적 욕망도 없다. 자아에 대한 욕구가 없는 곳, 그곳에서 모든 고苦는 연료가 떨어진 불길처럼 꺼져 버린다.

고苦는 갈애가 낳은 결과이다. 고가 닥쳐와야만 비로소 우리는 자기 자신을 휘감고 있는 갈애라는 독초 덩굴이 얼마나 치명적인지 겨우 깨닫는다. 갈애의 근원인 무명을 뿌리째 뽑아버린 이, 완벽하게 청정한 이, 아라한이 아니고는 그 누구도 이 독초 덩굴에 감기지 않을 수 없다.

갈애가 커질수록 고苦도 커진다. 슬픔은 갈애에 탐착했기에 치르게 되는 대가이다. 그러니 우리를 거듭거듭 계속해서 삼계三界의 존재로 안내하고 그래서 '존재의 집'을 짓는 것이 바로 갈애의 짓이며, 윤회 속에 간힌 우리의 적이 바로 갈애라는 것을 잊지 않아야 한다.

부처님께서는 완전한 깨달음을 이루시고 이런 환희의 게송을 읊으신다.

다시 또다시 태어남은 매번 고문당하는 일,
'집[個體] 짓는 이' 찾아내려고,
그러나 찾지 못한 채
수많은 태어남의 윤회 속을 방황했었네.
오, 집 짓는 이여, 드디어 너를 찾아냈도다.
너는 다시는 집 짓지 못하리.
너의 모든 서까래 부서지고
마룻대[上梁] 또한 부러졌도다.
이제 내 마음은
형성되지 않은 것[열반涅槃]을 이루었네.

갈애를 드디어 끝내었네.[54]

54 《법구경》 153, 154게
　　[역주] 법륜·하나《부처님, 그분》(2022) 29~30쪽 〈고요한소리〉 참조

9. 취取 Upādāna

애愛를 연으로 하여 취取가 일어난다[愛緣取].[55] 취착[取]은 달궈진 냄비에 얇은 생고기 조각이 쩍 달라붙듯이 대상에 매달리는, 대상을 거머쥐는 정신 상태를 의미한다. 갈애의 정도가 강렬해질 때 그것을 취착이라 하는데, 바로 이 취착 때문에 인간은 정열의 노예가 된다. 실을 뽑아 뒤얽히게 짜서 집을 만들어 그 안에 갇혀 살게 되는 애벌레처럼, 자기 자신이 쾌락의 열정으로 만든 그물 속에 빠진다.

취착 또는 애착인 취*upādāna*는 (1) 감각적 쾌락이나 감각적 욕망에 대한 취착[慾取 *kāma-upādāna*] (2) 그릇되고 불선한 견해에 대한 취착[見取 *diṭṭhi-upādāna*] (3) 의례나 의식에 대한, 형식적 준수에 대한 취착[戒禁取 *sīlabbata-upādāna*] (4) 자아 혹은 영원히 존재하는 영적 실체에 대한 취착[我

---

55 *Taṇhā paccayā upādānaṃ*

語取 attavāda-upādāna], 이 네 가지이다.

이를 요약하자면 취取란 온갖 종류의 존재를 대상으로 하는 감각적 욕망에 대한 집착과 그릇된 견해에 대한 집착을 의미하며, 세 번째와 네 번째 집착은 그릇된 견해에 대한 집착에 포함된다.

여기서 욕망kāma은 갈애와 갈애의 대상 모두를 의미하며, 이러한 대상에 대한 갈애가 강렬해질 때 욕취 또는 취착이라 한다. 인간은 갈애와 관련된 생각들을 지속적으로 품고 있으며, 갈애를 물리치지 못하면 못할수록 점점 더 강화되어 완강한 취착의 수준에 이르게 된다.

부처님 재세 시에 있을 수 있었던 모든 다양한 사견邪見들은 크게 보아 단견斷見과 상견常見 속에 포함된다. 어떤 사람들, 특히 지식인들에게는 감각적 대상을 포기하는 것보다 자기가 소중히 품고 있는 견해를 포기하는 쪽이 훨씬 어려울 때도 있다. 모든 사견들 중에 가장 강하고, 가장 해로운 사견은 영혼이나 자아 또는 영속하는 에고가 있다는 믿음에 취착[我語取]하는 것이다.

부처님께서 자아*attā*나 영혼의 개념을 받아들이지 않으신 데에는 충분한 이유가 있다. 연속되는 단 두 순간조차도 같은 상태에 머물지 않고 계속 변화하는 정신과 물질의 흐름 속에서 영원히 멸하지 않는 영혼은 찾을 수 없기 때문이다. 다시 말해 이 끊임없이 변화하는 '존재' 안에 지속성을 갖는 영혼을 설정하려야 할 길이 없었던 것이다. 그러므로 세존께서는 오온(물질적 형상, 느낌, 지각, 의도적 형성들, 식) 속에도, 그 어디에도 자아란 없다고 자아의 존재를 강력하게 부인하셨다.

이 모든 것에는 자아가 없고 자아와 같은 성질의 그 어떤 것도 없다.(*suññaṃ idaṃ attena vā attaniyena vā* **자아도, 자아에 속한 것도 모두 공하다.**)[56]

자아가 있다는 이 잘못된 관념을 없애면 현재 가지고 있는 모든 잘못되고 해로운 견해들이 자동적으로 사라진다.

---

56 《중부》 43경 1권 297쪽

부처님께서는 외도 모가라아자에게 이와 같이 분명하게 훈칙하셨다.

모가라아자여, 항상 마음을 챙기고
이 세상을 공空 *suññato*한 것으로 보라.

'자아'라는 견해를 뿌리째 뽑아버리면
죽음을 넘어설 수 있으리라.[57]

무아無我 *anattā*의 교의는 오로지 불교에만 있는 사상이고, 이 사상으로 불교는 다른 모든 종교나 철학과 구별된다. 이 무아의 교의가 부처님 가르침의 중심 사상이자 핵심이다. 부처님 교의를 달리 유례가 없는 혁명적인 것으로 만드는 것, 그것은 바로 '자아'를 환상이요 신기루로 인식한다는 점이다.

---

57 《숫따니빠아따》 1119게
[역주] 바라문 바바린이 열여섯 제자를 부처님께 보내어 질문을 하게 유도한 것으로 제5품 〈피안 가는 길〉이 생기게 됨. 그 제자 중 한 명인 모가라아자는 카라반이나 재단사나 염색공이 버린 거친 옷을 입고 다녔으므로 부처님께서는 그를 두고 '거친 옷을 입고 다니는 자 가운데 제일[糞衣第一]'이라 하심.

현존하는 모든 종교들은 영혼이나 자아를 믿으며, 그것이 확고하고 보편적이며 파괴될 수 없고 영원하다고 주장한다. 영혼 신봉자에게 영혼은 모든 존재에 뿌리내린 불변의 실체이다.

어떤 이는 자아가 마치 참깨 속의 기름처럼 몸의 구석구석에 퍼져있다고 말하고, 어떤 이는 감지할 수 없는 빛의 형태로 몸을 감싸고 있는데 모든 오염물이 제거되면 그 빛을 볼 수 있게 된다고 한다. 어떤 이들은 자아가 상자 안에 든 반짝이는 보석처럼 우리 안에 들어있다고 공언한다. 어떤 이들은 자아가 바로 의식이라고 또는 지각이라고 또는 느낌이라고 또는 의지작용이라고 말하기도 하고, 어떤 이들은 이 자아가 정신과 육체*nāma-rūpa*로 구성되었다고 결론 내린다.

불교는 그러한 불변하는 실체나, 영혼이나, 자아가 있다고 주장하지 않는다. 편의상 우리는 '존재'니, '나'니 하는 말을 쓰기는 하지만 궁극적인 의미에서는 '존재'라는 것도, '나'라고 하는 인격체도 없다. 우리 각 개인이란 각

자 업력의 표현이며, 끊임없이 변화하는 정신과 육체의 흐름이 만나서 이루는 조합일 뿐 그 밖에 아무것도 아니다. 정신과 육체가 따로 분리되면 본래의 기능을 상실하게 되어 제대로 기능하지 못한다. 그러나 배와 뱃사공이 더불어 강을 건널 때나, 또 시각장애인과 그 어깨에 올라탄 지체장애인이 목적지에 도달하는 경우처럼, 정신과 육체가 결합되면 가장 잘 기능한다.

마음과 마음의 요소들은 끊임없이 변화한다. 육체 또한 느리긴 하지만 매 순간 쉼 없이 달라진다. 정신과 육체의 흐름은 바다의 파도처럼, 불교에서 말하듯 '흐르는 강물처럼' 쉼 없이 흘러간다. 이처럼 '존재', 즉 정신-육체나, 사건의 연속인 윤회의 흐름도 소우주적 영혼이니 대우주적 영혼이니 하는 것과는 아예 다른 개념이다.

10. 유有 *Bhava*

취를 연으로 하여 유有가 일어난다[取緣有].[58] 그런데 이 생성과정[有]에는 업을 짓는 과정과 업을 받는 과정이 같이 포함되므로 양면성兩面性 구조인 것으로 이해하는 것이 편리하다. 업 짓는 과정[業有 *kamma-bhava*]과 업의 과보에 따라서 재생하는 과정[起有, 生有 *upapatti-bhava*]의 이 두 과정으로, 이중에서 업유業有는 선·불선 행위가 쌓여가는 과정인 만큼 업을 짓는, 생의 적극적 측면이라 한다면 생유生有는 업보를 받는 그래서 도덕적으로 중립적인 생의 수동적 측면이며, 다만 다음 생에 가서 업보대로 재생하는 그 과정을 의미한다. 여기서 말하는 다음 생은 감각적 욕망에 지배받는 존재[欲有 *kāma-bhava*]의 계인 욕계 중의 어떤 세계(인간계나 욕계의 천상계 등)일 수도 있고 아니면 색계나 무색계의 어떤 계일 수도 있다.

---

58 *Upādāna paccayā bhavo*

앞의 2장에서 '무명을 연으로 하여 재생을 낳는 행行이 일어난다.'[59]라고 했는데 그때 행은 선하거나 불선한 행위, 즉 업業 *kamma*이라고 설명한 바 있다. 그렇다면 업유業有가 또한 선하거나 불선한 행위를 의미한다고 하면 같은 말을 되풀이하는 것이 되지 않을까? 여기서 우리가 주의해야 할 점이 있으니 '연으로 하여 일어난다[緣起].'라는 말은 현재뿐만 아니라 삼세, 즉 과거·현재·미래 모두와 관련되어 쓰인다는 사실이다. 앞에서 언급된 '업'은 과거에 속하는 것이고, 현재의 삶은 그것에 연하고 있다.

그 다음 '취取를 연으로 하여 유有가 일어난다.'라고 할 때 여기에 내포되는 '업'은 금생에 속하는 것으로 미래의 생에 대해 원인이 된다. 따라서 '취取를 연으로 하여 유有가 일어난다.'라는 이 말은 업 짓는 과정과, 이 업의 과보로 다시 태어나게 되는 과정에 대해 취착이 그 조건으로 작용한다는 뜻이다.[60]

---

59 *Avijjā paccayā saṅkhārā*
60 [역주] 본 글의 부록 참조.

11. 생生 Jāti

유有를 연으로 하여 생生이 일어난다[有緣生].[61] 여기서 태어남[生]은 실질적인 아기의 출생을 의미하는 것이 아니라 어머니의 자궁 속에서 오온(형상, 느낌, 지각, 의도적 형성, 식)이 출현하는 것을 의미한다. 이 과정에서는 업유業有의 작용이 주도한다.

금생의 태어남은 여러 과거 생에 행해진 갈망과 취착 [taṇhā-upādāna]의 업-의지에 의해 초래된 것이다. 그리고 금생의 갈망과 취착하는 의지적 활동이 내생을 불러오게 된다. 부처님 가르침에 의하면, 이 업-의지가 존재들의 우열을 나눈다.

---

61 *Bhava paccayā jāti*

모든 존재는 자기 업의 상속자이며, 업의 짐꾼이다. 그리고 업은 태어나는 자궁이다.[62]

자신을 향상시키거나 개조하거나 고로부터 해방시키는 길은 오로지 자신의 업을 통하는 길 뿐이다.

과거에 자기가 뿌린 것을 지금 자기가 거둬들이고 있는 것이다. 물론 개중에는 이생에 뿌린 것의 결과도 있을 것이다. 그렇다면 지금의 우리 행위가 내생의 틀을 모양 짓게 될 것이 분명하고, 이렇게 이해해 들어가면 신비롭기만 한 이 우주 속에서 우리가 어떤 위치에 있는지도 조금은 이해할 수 있을 것이다. 만약 우리가 윤회의 긴긴 밤을 헤매면서 무지, 갈애 그리고 취착으로 자신의 모습을 제각각 빚어내지 않는다면, 어떻게 오늘날 이 세상 생명체들에서 발견되는 그토록 다양한 차이와 상이성이 나타날 수 있겠는가? 어떤 마음 하나가 있어 혼자서, 지금 우리를 둘러싸고 있는 것과 같은 이 놀랍도록 다양한 감성의 세계를 획책할 수 있을 만큼, 그 마음이 광대하고 복합적일

---

62 《중부》135경 III권 203쪽

수 있다고 상상할 수 있겠는가?

　이처럼 업은 재생의 당연한 결과이며 재생은 업의 당연한 결과이다. 여기서 이런 의문이 들 수 있을 것이다. 업이 재생의 원인이라면 그리고 불교가 영혼이나 초월적인 '에고'를 단호하게 거부한다면, 어떻게 이 업의 전개가 재생을 불러올 수 있단 말인가?

　그것은 이렇게 설명할 수 있다. "에너지는 결코 없어지지 않는다. 각 존재에게서 마음과 몸으로 드러나는 에너지도 없어져야 할 하등의 이유가 없다. 다만 변화할 따름이다. 생의 매 순간 변하고, 지금도 변하고 있다. 죽는다고 해서 에너지가 없어지는 것이 아니다. 생명력을 부여하는 '마음의 흐름'이 단지 재설정될 뿐이고, 그 생명력과 조화를 이루는 조건들로 재설정된다. 마치 특정 주파수에 맞춰진 수신기에서 방송 음이 재생되어 들리게 되는 것과 같다. 이 생명력의 흐름이 새로운 조건들 속에서 다시 자리 잡는 것을 재생이라 부른다. 재생한 존재는 각각 축적된 과거 경험인 잠재 가능성들이 독특하게 조합을 이루면서 시작된다. 그래서 각 존재의 성격이 상이하게 되고, 소위 유신론자들이 말하는 타고난 재능 또는 '신의 선물'이 제각각 다르고 또 각기 수없이 다양한 가능성을 타고 태어나게 되는 것이다.[63]

한 생에서 다음 생으로 건너가거나 옮겨가는 것은 아무것도 없다. 그러면 당장 이렇게 물을 것이다. 한 등잔불에서 다른 등잔으로 불을 당길 때 불꽃이 이쪽에서 그쪽으로 옮겨가는 것이 분명하지 않은가. 불꽃의 연속을 거기서 보지 못한다는 말인가. 그렇지만 그 경우 그 불꽃은 전혀 다른 것은 아니지만 결코 같은 불꽃은 아니다.

그러므로 업유業有라는 업의 전개는 그 과정 때문에 반작용이 작용을 뒤따르게 되는 힘이다. 현생에서 발산되는 에너지인 업유는 끝없는 연쇄 속에서 미래생을 조건짓는다.

---

63 캐시우스 A. 페레이라 박사*Dr. Cassius A. Pereira* (후에 출가하여 깟사빠 스님이 됨) 〈나는 무엇을 믿는가? *What I believe?*〉《실론 옵서버 *Ceylon Observer*》1937, 10월호

"욕구는 행위를 일어나게 하고, 행위는 과보를 일어나게 하며, 과보는 새로운 욕구가 되어 새로운 존재로 드러난다. 행위에 과보가 따르는 것은 몸에 그림자가 따르듯 피할 수 없는 일이다. 이것은 순전히 에너지 보존의 보편적 자연법칙이 정신적 영역에 적용된 것이다. 우주 내에서 어떤 에너지도 없어질 수 없는 것과 마찬가지로 개인에 있어서도 욕구가 쌓아놓은 재생의 탄력성 역시 없어질 수 없다. 이 탄력적 에너지는 항상 변화해서 새로운 생으로 나타나고 생에 대한 강렬한 욕구 때문에 생을 부단히 영위하게 된다. 하지만 모든 욕구가 존재로 실현되는 데 작용하는 중간 매체가 바로 '업'이다."[64]

---

64 폴 달케*Paul Dahlke*, 《불교에 관한 에세이 *Buddhist Essays*》 런던, 1908, 115쪽

12. 노사老死 *Jarā Maraṇa*

생生을 연으로 하여 노사老死가 있다[生緣老死].[65] 늙음과 죽음과 함께 슬픔, 비탄, 괴로움, 근심, 절망이 자연스럽게 따라온다. 태어났기 때문에 늙고 죽어야 한다는 것은 피할 수 없다. 태어나지 않았다면 늙지도 죽지도 않는다. 이렇듯 이 모든 괴로움 더미는 12지연기에 의존하여 일어난다. 늙음과 죽음에 뒤따라 태어남이 오는가 하면 태어남에는 늙음과 죽음이 뒤따른다. 이처럼 두 쌍은 서로 따라 붙어서 당혹스러울 정도로 끈질기게 이어진다. 세속사 치고 고요히 머무는 것은 없다. 모두가 소용돌이 흐름 속에 있다. 사람들은 소망에 찬 희망을 품고 내일을 설계한다. 하지만 어느 날 갑자기, 그것도 예기치 않게 죽음이 이 짧은 생애를 마감해 버리는 피할 수 없는 시간이 닥치면서 우리의 그 모든 희망은 헛된 것이 되어버린다. 그런데 무명, 갈애, 취착 때문에 존재에 집착하고 있는

---

[65] *Jāti paccayā jarāmaraṇaṃ*

한, 죽음은 모든 것을 완전히 끝내는 것이 아니다. 존재의 수레바퀴가 돌아가는 대로 소용돌이치며 따라 도는 생은 고통의 바퀴살에 끼어 뒤틀리고 찢기면서 계속된다. 이처럼 우리는 주변에서 별의별 유형의 남녀들과 그들이 겪는 운명의 무상함을 실제로 목격하면 그렇게 다양한 일들을 단지 우연으로 치부할 수 없다는 것을 알게 된다.

그러면 왜 그런 일들이 일어나는 것일까. 불교에서 그 까닭을 규명할 수 있을까. 그 답을 찾아보자. 불교사상에서는 선한 행위에 대해서는 상을 주고 불선한 행위에 대해서는 벌을 주는 어떤 외적인 힘이나 작용을 인정하지 않는다. 불자들은 특별히 은총을 입은 그 어떤 사람에게 도움을 빌지도 않고 알 수도 없는 어떤 존재에게 구원해 달라고 기도하지도 않는다. 지고하신 부처님조차도 윤회의 굴레로부터 인간을 구해줄 수 없다. 우리 생의 거푸집을 빚는 힘은 우리 자신에게 있다. 불자는 업을 믿는 사람들*kammavādin*이다. 다시 말해 선악을 불문하고 업의 위력을 믿는 것이다.

부처님의 가르침에 의하면 우리가 금생에 태어날 때부터 차이가 나고 불평등한 근본적인 이유는 각 개인들이 과거 여러 생에서 지은 선하거나 불선한 행위들 때문이다. 달리 말하면 각 개인은 과거에 심은 것을 거두어들이고 있는 것이다. 마찬가지로 그가 금생에 짓는 행위들이 그의 미래를 빚는다.

　　선하거나 불선한 모든 행위[諸行]에 있어서 마음[意]이 가장 중요한 요인이다.

　　마음이 모든 정신 작용의 선구자이고, 마음이 지배하고, 모든 것은 마음이 만들어 낸 것이다. 만약에 청정하지 않은 마음으로 말하거나 행동한다면 그 결과로 고통이 그를 따른다. 수레바퀴가 수레 끄는 짐승의 발자국을 따르듯이.

　　(…)

　　청정하고 조용한 마음으로 만들어진 정신상태, 뱉어낸 말 그리고 행해진 행동의 결과로 행복이 그를 따른다. 떨어질 수 없는 그림자처럼.[66]

----

66 《법구경》 1, 2게

사람은 좋은 쪽으로든 나쁜 쪽으로든 항상 변하고 있다. 이 변화는 피할 수 없고 전적으로 자기 자신의 행위와 그 행위를 조종하는 정황에 달려있다.

　세상은 불완전하고 균형을 상실한 듯 보인다. 우리는 너무 자주 수많은 곤경과 부족함에 직면한다. 사람들은 서로 다르기가 천차만별이다. 축생계는 더 말할 것도 없고 우리 인간계만 보더라도, 어떤 이는 비참할 정도로 불쌍하게 태어나 깊은 고난과 극도의 불행에 빠져 있는가 하면, 다른 한편으로는 풍요와 다복한 처지에 태어나 호사스런 생활을 즐기며 사바세계의 고苦를 알아채지 못하는 사람도 있다. 또 극소수의 사람들은 예리한 지성과 특출한 지적 능력을 타고나는가 하면, 대부분의 사람들은 무지에 갇혀 있다. 우리들 중에 누군가는 건강, 아름다움, 진실한 친구들, 다정한 친척들 등 많은 것을 갖추고 있는데 반해 어떤 이는 지독하게 병약하고 가난하고 외롭게 살고 있는 것은 무슨 까닭에서 인가? 누군가는 장수를 누리는가 하면 어떤 이는 한창 젊은 나이에 죽어가는 것은 무슨 까닭에서 인가? 어떻게 해서 일부 사람들은 유복하고 명성을 떨치고 남들의 인정을 받는 것일까? 인간이 누려야 할 모든 것을 한껏 누릴 수 있도록 선택된 소수가 있는가 하면, 어떤 이는 전적으로 방치되어 살 수밖에 없는 것은 왜 일까? 이런 질문은 해명을 필요로 하는 복잡한 문제이다.

이런 문제일수록 서두르지 않고 차분한 마음으로 상황을 편견 없이 지적으로 검토, 음미해 볼 필요가 있다. 우선 우리는 이 차이들이 너무나 넓은 범위에 걸친 것이어서 밖에서 어떤 힘이나 초능력자가 만들어 낼 수 있는 성질의 것이 아니라는 점은 단박에 알아차릴 수 있다. 바깥에 원인이 없다면 안에서 찾아야 옳지 않은가. 결국 우리 자신이 원인 제공자일 수밖에 없고 그렇다면 그것은 우리가 짓는 업이 그 모든 차이점을 만든다고 결론짓는 것 외에 달리 어떻게 생각할 수 있을까.

부처님은 이렇게 말씀하신다.

뿌려진 씨앗 따라
열매도 그런 걸로 거두게 된다.
선행자는 선과를,
악행자는 악과를.
제대로 뿌려 가꾼다면
그 열매를 맞보게 되리.[67]

어떤 외부 작용이나 전능한 존재가 선물을 나누어 주
는데 어떤 때는 수많은 사람에게 다양하게 분배하다가 때
로는 한 사람에게 몽땅 퍼부어 준다는 것은 아무래도 상
상하기 힘든 일이다. 오히려 다음과 같이 말하는 것이 좀
더 합리적이지 않겠는가.

어떤 짓을 저지르든
그것은 자기 내면에 있던 것의 발로인 것을.
선한 이는 선을,
불선한 이는 악을 궁리해 낸 것.
그래서 우리의 행위는

---

67 《상응부》 Ⅰ권 227쪽 ; 영역본 Ⅰ권 293쪽

마치 같은 씨앗이 같은 종류의 열매를 맺는 것과 같으니.[68]

(…)

노예로 고생한 자, 죽어 왕자로 태어날 수도 있으리라,

훌륭한 인품과 공덕을 얻었다면.

왕으로 통치하던 자, 누더기를 걸치고 황야를 방황할 수 있으리라,

자기가 한 일 때문에 그리고 하지 않은 일 때문에.[69]

불자들은 인류의 고통이 부처님이나, 초인간적 존재나, 천신이나, 특별히 은총 받은 개인 등의 탓이라고 돌리지도 않고, 행복한 일도 그들 덕분이라고 찬미하지 않는다.

진정한 불자가 불선행을 하지 않고 선행을 하게 되는 것은 업과 업보, 즉 도덕적 인과관계에 대해 잘 알고 있기 때문이다. 인과관계를 잘 이해한 사람은 자신이 한 행위들에 의해 자기 인생이 비참하거나 그렇지 않게 되는 것이지 그 외에 다른 어떤 것에 의한 것도 아님을 잘 안다. 그

---

68 《상응부》 I권 227쪽

69 에드윈 아놀드*Edwin Arnold*, 《아시아의 등불 *Light of Asia*》, 보스턴, 1914. 제8장, 213쪽

는 금생에서 동등하지 않게 태어나거나 차이가 나게 사는 직접적 원인은 전생과 금생에 지은 각자의 선하거나 불선한 행위라는 것을 안다.

생각과 행위들이 무수하게 반복되어 쌓인 결과가 현재의 '나'다. 인간은 기성품처럼 미리 만들어진 존재가 아니라 스스로 되어가는 존재이고 지금도 되어가고 있다. 그의 현재 인격은 자신의 선택에 의해 결정되는 것이다. 그가 선택하는 생각과 행동, 그것이 습관화되면서 그 사람이 되는 것이다.

그러나 불교의 입장을 따르면 지금 일어나는 모든 일이 과거의 행위들 탓이 되는 것은 아니라는 점을 새겨둘 필요가 있다. 부처님 재세시에 니간타 나아따뿟따,[70] 막칼리 고살라[71] 같은 종파주의자들은 개인이 경험하는 것은 무엇이 되었건, 그것이 즐거운 것이든 괴로운 것이든 괴롭지도 즐겁지도 않은 것이든 그 모두가 이전의 행위나 과거

---

70 [역주] 육사외도의 한 사람. 자이나교의 교조

71 [역주] 육사외도의 한 사람. 사명외도邪命外道를 이끈 자

의 업에서 오는 것이라는 견해를 갖고 있었다.[72] 그러나 부처님께서는 전적으로 과거세에 지은 업인業因만을 결정론적으로 믿는 이론은 불합리하다고 내치셨다. 많은 일들이 금생에 지은 우리 행위의 결과이고 또 외부적 원인들의 결과인 것이다. 그러므로 일어나는 일이 모두 과거세의 업이나 행위 때문이라고 말하는 것은 옳지 않다.

순전히 자기가 게을러 시험에 낙방한 학생이 그 실패를 과거세의 업 탓으로 돌린다면 어떻게 들리는가? 누군가 부주의하게 뛰어가다가 돌 같은 것에 채였는데, 그것을 과거세의 업 탓이라고 한다면 이 또한 우스꽝스러운 일이 아닌가? 모든 것이 과거세에 지은 '업' 때문에 일어나는 것이 아님을 보여줄 수 있는 사례는 얼마든지 들 수 있다.

그러나 어떤 일을 존재하게 하는 원인과 조건들이 사라져버리면 자동적으로 결과들도 없어진다. 슬픔의 원인이되는 다양한 잔뿌리까지 낱낱이 제거되면 슬픔도 사라질것이다. 예를 들어 어떤 사람이 망고 씨앗을 재가 되도록

---

72 《중부》 101경 ; 《장부》 2경 ; 《증지부》 I, 173

태워버려서 싹이 틀 수 있는 힘을 제거한다면, 그 씨앗은 다시는 망고 싹을 틔우지 못할 것이다. 생명이 있거나 없거나 모든 형성된 것들[諸行]의 운명은 이와 같다. 업은 우리 자신이 만드는 것이므로 이 끝없는 사슬, 즉 존재의 바퀴bhavacakka를 끊는 힘도 역시 우리에게 있다. 번뇌의 뿌리를 뽑아 스스로를 정복하여 이겨낸, 깨달은 이들을 언급하면서 부처님께서는 보배경[寶經]에서 이렇게 읊으신다.[73]

> 과거는 소진되었고, 새 것은 짓지 않으며[74]
> 미래 존재에 집착도 없다.
> 씨앗은 죽어버렸고,[75]
> 생을 가꿀 생각 없는 저들 현명하고 굳건한 이들은
> 이 등불이 꺼지듯이 꺼져버렸다.[76]

---

73 《숫따니빠아따》 235게, 〈보배경〉 14

74 여기서 과거는 과거업을, 새 것은 새로운 업을 의미한다.

75 여기서 씨앗이란 '재연결식'을 의미한다.

76 부처님께서 이 말씀을 하실 때 어떤 등잔의 불이 꺼지는 것을 보셨다는 말이 있다.

무명으로 시작하여 늙음과 죽음으로 끝나는 12요소의 연기법은, 사람이 족쇄에 매여 있기에 세세생생 돌고 돌면서 어떠한 식으로 윤회세계를 헤매고 있는지를 보여준다. 한편 이 12요소를 제거해 버린다면 인간은 괴로움과 재생으로부터 해방될 수가 있다. 부처님은 이 되풀이 되는 헤맴을 끝내는 길을 가르쳐 주신 것이다. 이 얽힘에서 헤어나는 길을 찾고자 한다면 바로 이 존재의 윤전 바퀴를 멈추도록 노력하라고. 고통의 종식을 설하는 붓다의 말씀은 다음과 같다.

무명이 완전히 멸하게 됨에 따라 행行이 멸한다.

행이 완전히 멸하게 됨에 따라 식識이 멸한다.

식이 완전히 멸하게 됨에 따라 명색名色이 멸한다.

명색이 완전히 멸하게 됨에 따라 육처六處가 멸한다.

육처가 완전히 멸하게 됨에 따라 촉觸이 멸한다.

촉이 완전히 멸하게 됨에 따라 수受가 멸한다.

수가 완전히 멸하게 됨에 따라 애愛가 멸한다.

애가 완전히 멸하게 됨에 따라 취取가 멸한다.

취가 완전히 멸하게 됨에 따라 유有가 멸한다.

유가 완전히 멸하게 됨에 따라 생生이 멸한다.

생이 완전히 멸하게 됨에 따라 노사老死, 슬픔·

비탄·괴로움·근심·절망이 멸한다.

이렇게 해서 이 모든 고苦의 엉킨 덩어리가 종식된다.[77]

불교에서 볼 때 비록 '시간'은 단지 '개념'에 지나지 않지만, 관습적 진리[俗諦]에서는 시간을 과거, 현재, 미래라는 세 시점으로 말하고 있고, 따라서 12연기 공식도 이세 시점에서 다뤄볼 수 있다. 그럴 경우 무명avijjā과 행saṅkhārā의 두 요소는 과거에 속하고, 식viññāṇa으로 시작되는 여덟 요소는 현재에 속하며, 나머지 두 요소인 태어남 그리고 늙음과 죽음은 미래에 속하는 것으로 분류하게 된다.

따라서 이 논리에 따르면 존재의 바퀴에는 세 개의 이음매가 있게 된다. 즉 과거생의 마지막 요소인 행과 현생의 첫 번째 요소인 식의 사이에 첫 이음매, 즉 과거에 만든 원인과 그 현재의 결과[因果 hetu-phala]로 이루어진 이

---

77 《증지부》 I, 176~177쪽

음매가 있다. 식, 명색, 육처, 촉, 느낌은 과거의 무명과 행이 원인으로 작용하여 현재에 나타나게 된 결과들이다. 이 다섯 요소들 때문에 다른 세 요소, 즉 갈애, 취착, 생성 과정[有]이 나타나고 이 세 요소가 원인이 되어 미래의 태어남이 있게 된다. 그러므로 느낌과 갈애 사이에 현재 결과와 현재 원인[果因 phala-hetu]으로 된 또 하나의 이음매가 있다. 현재의 갈애, 취착, 생성과정이 원인이 되어 미래에 태어남과 늙음과 죽음이 있게 된다. 그러므로 생성과정과 태어남 사이에 또 다른 이음매가 있다. 즉 ① 무명과 행 ② 식, 명색, 육처, 촉, 느낌[受] ③ 갈애, 취착, 생성과정[有] ④ 태어남, 늙음과 죽음의 네 부분이 세 개의 이음매로 연결되어 있다.

과거에 다섯 원인이 있었으니,
이제 다섯 결과가 있네.
지금 또한 다섯 원인이 있으니,
미래에 다섯 결과가 있으리.[78]

---

78 냐아나몰리Ñāṇamoli 스님 영역 《청정도론 The Path of Purification》 BPS, 2010. 601쪽

《청정도론》에서는 무명과 행이 과거 원인이라 말하고
있다. "그러나 어리석은 자는 갈망한다. 갈망하기 때문에
취착한다. 취착이 조건이 되어 생성과정[有]이 있게 되니
갈애, 취착, 생성과정[有] 역시 거기에 포함된다. 그래서 다
음과 같이 말하게 된다. '이전의 업유業有에는 미망이 존
재하니, 즉 무명無明이며, 쌓음이 존재하니 행行이다. 또
애착이 존재하니 갈애[愛]이며, 껴안음이 있으니 취착[取]
이며, 의지가 있으니 생성과정[有]이다. 이렇게 해서 이전
생의 업유에 내재하는 다섯 요소가 금생의 유有에서 재생
연결의 조건이 된다.'"[79]

《청정도론》에서 거론하는 금생에서의 다섯 결과는 다
섯 요소, 즉 식, 명색, 육처, 촉, 수로 분명해진다.

《청정도론》에서는 현재 우리가 만들어내는 다섯 원인
중에 갈애, 취착, 생성과정 세 개만을 미래 재생의 원인으
로 들고 있다. "그러나 생성과정[有]이 포함되어 있다는 것
은 그에 선행하거나 그와 연관되는 행 또한 포함되어 있

---

79 같은 책 601쪽 : 《무애해도無碍解道 *Paṭisambhidā-Magga*》(Ⅰ 52) 재인용

음을 가리킨다. 그리고 갈애와 취착이 포함된다는 것은 그들과 연관되어있는 무명, 즉 인간을 미혹시켜 업을 짓게 만드는 그 무명 또한 포함된 것이다. 그러니 모두 합해서 다섯이 된다."[80]

다시 우리가 미래에 거두게 될 다섯 결과가 남아있는데 이것은 식, 명색, 육처, 촉, 느낌이다. 그 글에서 역시 생과 노사를 미래의 다섯 결과로 들고 있는데 여기서 생은 앞에 든 다섯[식, 명색, 육처, 촉, 수]의 나타남을 말하며, 노사는 그 다섯의 노와 사를 가리킨다.

자세히 살펴보면 이러한 연기緣起, 즉 반복되는 재생의 과정, 존재의 순환 안에는 영원한 것도 없고, 한 생에서 다음 생으로 옮겨가며 영속하는 영靈-체體도 없다. 모든 현상[諸法]은 인과관계로 묶여서, 조건지어지고 이런 사건의 전개 과정은 어떤 영속적 영혼이나 자아라는 개념과는 전혀 무관하다.

---

80 냐아나몰리Ñāṇamoli 스님 영역 《청정도론 The Path of Purification》 BPS, 2010, 602쪽

부처님은 선언하신다.

행위를 한 사람과 (내생에) 그 과보를 받는 사람이 같다고 믿는 것, 이는 한 극단이다. 행위를 한 사람과 그 과보를 받는 사람이 각각 다른 사람이라고 생각하는 것, 이는 또 다른 극단이다. 여래는 이 양 극단을 피했고 그 둘의 가운데에 있는 진리를 가르쳤다. 즉, 무명에 연하여 업의 형성 작용[行]이 있고 등등. (본 글의 부록 참조) 이렇게 하여 이 모든 고의 무더기들이 일어난다.[81]

그리하여 옛 현인들은 말씀하셨다.

행위를 하는 자 없고
그 행위의 과보를 받는 자 또한 없다.
단지 현상들만이 흐르고 있을 뿐.
이런 견해보다 더 옳은 것은 없다.
(…)
여기에도 그 어디에도
범천, 윤회의 창조자는 없다.

---

81 《상응부》 12:17, II권 20~21쪽

현상들만이 흐르고 있을 뿐
원인과 구성 요소가 그 조건이다.[82]

연기에 관한 이 글을 마치면서 독자의 마음에 일어날
수 있는 혼란을 미리 해명하고자 한다. 연기법에 따르면
모든 것은 조건에 의해 결정된다. 그래서 혹시 부처님이
인간의 자유나 자유의지는 제쳐놓고 숙명론이나 결정론
을 권하는 것은 아닐까 라는 생각이 들 수도 있다.

그러면 숙명론은 무엇인가? 《철학사전 *Dictionary of
Philosophy*》에 의하면 '숙명론은 결정론, 특히 모든 인간의
행동은 신神에 의해 예정되어 있다고 단언하는 신학적 형
태의 결정론이다.' 《옥스퍼드 영어사전》에 의하면 결정론
은 '인간의 행동은 자유롭지 못하고 필연적으로 동기에
의하여 결정된다는 철학 이론이다. 여기서 동기란 의지에
영향을 미치는 외부적 힘을 의미한다.'

---

82 《*The Visuddhi-Magga of Buddhaghosa*》 PTS 1975, 602~~603쪽 ; 냐아나
몰리Ñānamoli 스님 영역 《청정도론 *The Path of Purification*》 BPS, 2010,
627~628쪽.

업의 이론은 이 점을 반박한다. 불교를 분명하게 이해하게 되면, 부처님은 모든 것이 확고부동하게 고정되어 있으며 피치 못할 필연성에 의해 발생된다는 엄격한 결정론에 동조하지 않았을 뿐 아니라 완전히 비결정론[無因生起論]을 견지하지도 않았음을 알게 된다. 우리는 어디에서든지 법칙들과 조건들이 작용하고 있음을 볼 수 있다. 그중 하나가 업*kamma*이나 의도*cetanā*이다. 법칙의 제정자도, 정신적 물리적 사건을 간섭하는 외부적 매개자도 없다. 순전히 원인과 조건을 통해서 사물이 생겨나는 것이며 원인과 조건이 그칠 때 사물도 끝난다.

결국 이 끝없는 작용-반작용은 무명에 의해 가려지고 갈애에 의해 내몰리는 가운데 끊임없이 업에 의해 반복된다. 그렇다 해서 이 작용이 자유의지나 인간이 자신의 업에 대해 책임지는 것을 간섭하거나, 방해하거나 하는 일은 있을 수 없다.

끝으로 '자유의지'에 관해 한마디 하겠다. 의지는 정적靜的인 것이 아니다. 의지는 명확한 실체도 스스로 존재하는 사물도 아니다. 의지는 모든 정신 상태가 그렇듯이 전적으로 순간적인 것이다. 그러니 자유롭다거나 자유롭지 않다거나 할 '것'으로서의 '의지'는 없다. 조건지어져서 덧없이 스쳐가는 현상일 뿐인 '의지', 그것이 진실이다.

진정한 불자에게 가장 중요한 인생사라고 한다면 그것은 단지 사변에 빠지거나, 허황된 환상 세계로 헛되이 빠져드는 것을 피하고 모든 괴로움으로부터 벗어나는 자유와 참된 행복을 얻는 일일 것이다.

고와 고의 멸을 말하는 연기*paṭicca-samuppāda*야말로 불교의 중심 개념이며, 인도 사상의 가장 아름다운 꽃의 전형이다.

연기법 (순관順觀)

Paṭicca-Samuppāda (anuloma)

1-2   무명을 연으로 하여 행行이 일어난다.
Avijjāpaccayā saṅkhārā

2-3   행을 연으로 하여 식識이 일어난다.
Saṅkhārāpaccayā viññāṇaṃ

3-4   식을 연으로 하여 명색名色이 일어난다.
Viññāṇapaccayā nāma-rūpaṃ

4-5   명색을 연으로 하여 육처六處가 일어난다.
Nāma-rūpapaccayā saḷāyatanaṃ

5-6   육처를 연으로 하여 촉觸이 일어난다.
Saḷāyatanapaccayā phasso

6-7   촉을 연으로 하여 수受가 일어난다.
Phassapaccayā vedanā

7-8   수를 연으로 하여 애愛가 일어난다.
Vedanāpaccayā taṇhā

8-9   애를 연으로 하여 취取가 일어난다.
Taṇhāpaccayā upādānaṃ

9-10   취를 연으로 하여 유有가 일어난다.
Upādānapaccayā bhavo

10-11   유를 연으로 하여 생生이 일어난다.
Bhavapaccayā jāti

11-12   생을 연으로 하여 노사老死, 슬픔·비탄·괴로움·근심·
절망이 있게 된다.
*Jātipaccayā jarā-maraṇaṃ soka-parideva-dukkha-
domanassupāyāsā sambhavanti.*

이렇듯 고의 모든 무더기[苦蘊]가 생겨난다.
Evam etassa kevalassa dukkhakkhandhassa samudayo hoti.

연기법 (역관逆觀)
Paṭicca-Samuppāda (paṭiloma)

1-2 무명이 남김없이 이욕離欲되어 멸하게 됨에 따라 행行이 멸한다.
Avijjāya tveva asesavirāganirodhā saṅkhāranirodho

2-3 행이 멸하게 됨에 따라 식識이 멸한다.
Saṅkhāranirodhā viññāṇanirodho

3-4 식이 멸하게 됨에 따라 명색名色이 멸한다.
Viññāṇanirodhā nāma-rūpanirodho

4-5 명색이 멸하게 됨에 따라 육처六處가 멸한다.
Nāma-rūpanirodhā saḷāyatananirodho

5-6 육처가 멸하게 됨에 따라 촉觸이 멸한다.
Saḷāyatananirodhā phassanirodho

6-7 촉이 멸하게 됨에 따라 수受가 멸한다.
Phassanirodhā vedanānirodho

7-8 수가 멸하게 됨에 따라 애愛가 멸한다.
Vedanānirodhā taṇhānirodho

8-9 애가 멸하게 됨에 따라 취取가 멸한다.
Taṇhānirodhā upādānanirodho

9-10 취가 멸하게 됨에 따라 유有가 멸한다.
Upādānanirodhā bhavanirodho

10-11 유가 멸하게 됨에 따라 생生이 멸한다.
Bhavanirodhā jātinirodho

11-12 생이 멸하게 됨에 따라 노사老死, 슬픔·비탄·괴로움·
근심·절망이 멸한다.
*Jātinirodhā jarā-maraṇaṃ soka-parideva-dukkha-
domanassupāyāsā nirujjhanti.*

이리하여 이 모든 고苦의 무더기가 멸한다.
Evam etassa kevalassa dukkhakkhandhassa nirodho hoti.

《상응부》II권, 1~2쪽

━━━ 저자 소개

삐야닷시 스님 Piyadassi Thera (1914~1998)

스리랑카 태생으로 출가 전에 날란다 대학과 스리랑카 대학에서 수학했다. 20세에 득도, 스리랑카의 저명한 고승인 와지라냐나 나야까*Vajiranyana Nayaka* 스님 밑에서 불법을 닦았다.

스리랑카 지도급 스님으로서 힘 있는 설법과 라디오 전파를 통한 포교사로 널리 알려져 있다. 동서양을 두루 여행하면서 불법의 메시지를 전하는 한편, 여러 국제 종교회의와 문화적인 모임에 남방불교 대표자로 참여하였다. 또한 스리랑카 불자출판협회BPS 간행 시리즈의 싱할리어 본本 출판물의 편집자를 역임하였다.

〈고요한소리〉에서 번역, 출간된 저작으로는 법륜·하나 《부처님, 그분 *The Buddha*》, 법륜·일곱 《마음, 과연 무엇인가 *The Psychological Aspect of Buddhism*》, 법륜·열여섯 《칠각지 *The Seven Factors of Enlightenment*》가 있다.

━━━ 저서

The Book of Protection: Parittā Recitals in English Translation (BPS)
The Buddha's Ancient Path (BPS)
Buddhism : A Living Message (BPS)
The Seven Factors of Enlightenment (Wh. 1)
The Buddha – A short study of his life and teaching (Wh. 5)
The Psychological Aspect of Buddhism (Wh. 179)
Four Sacred Shrines (BL. B 8)
The Threefold Division of the Noble Eightfold Path (BL. B 32)
Buddhist Observance and Practices (BL. B 48)
The Story of Mahinda, Sanghamitta and Sri Maha Bodhi (BL. B 57)

━━━ 〈고요한소리〉는

- 붓다의 불교, 붓다 당신의 불교를 발굴, 궁구, 실천, 선양하는 것을 목적으로 설립되었습니다.

- 〈고요한소리〉 회주 활성스님의 법문을 '소리' 문고로 엮어 발행하고 있습니다.

- 1987년 창립 이래 스리랑카의 불자출판협회BPS에서 간행한 훌륭한 불서 및 논문들을 국내에 번역 소개하고 있습니다.

- 이 작은 책자는 근본불교를 중심으로 불교철학·심리학·수행법 등 실생활과 연관된 다양한 분야의 문제를 다루는 연간물連刊物입니다. 이 책들은 실천불교의 진수로서, 불법을 가깝게 하려는 분이나 좀 더 깊이 수행해보고자 하는 분에게 많은 도움이 될 것입니다.

- 이 책의 출판 비용은 뜻을 같이하는 회원들이 보내주시는 회비로 충당되며, 판매 비용은 전액 빠알리 경전의 역경과 그 준비 사업을 위한 기금으로 적립됩니다. 출판 비용과 기금 조성에 도움 주신 회원님들께 감사드리며 〈고요한소리〉 모임에 새로이 동참하실 회원을 기다리고 있습니다.

- 〈고요한소리〉 책은 고요한소리 유튜브(https://www.youtube.com/c/고요한소리)와 리디북스RIDIBOOKS를 통해 들으실 수 있습니다.

- 〈고요한소리〉 회원으로 가입하시려면, 이름, 전화번호, 우편물 받을 주소, e-mail 주소를 〈고요한소리〉 서울 사무실에 알려주십시오. (전화: 02-739-6328, 02-725-3408)

- 회원에게는 〈고요한소리〉에서 출간하는 도서를 보내드리고, 법회나 모임·행사 등 활동 소식을 전해드립니다.

◦ 회비, 후원금, 책값 등을 보내실 계좌는 아래와 같습니다.

국민은행	006-01-0689-346
우리은행	004-007718-01-001
농협	032-01-175056
우체국	010579-01-002831
예금주	**(사)고요한소리**

━━━ 마음을 맑게 하는 〈고요한소리〉 도서

금구의 말씀 시리즈

소리 시리즈

법륜 시리즈

보리수잎 시리즈

붓다의 고귀한 길 따라 시리즈

하나	불법의 대들보, 마음챙김 *sati*

단행본

하나	붓다의 말씀
둘	붓다의 일생

This translation was possible
by the courtesy of the Buddhist Publication Society
54, Sangharaja Mawatha P.O. BOX61
Kandy, SriLanka

법륜·스물둘

연기 緣起

초판	1쇄 발행 2019년 12월 30일
초판	4쇄 발행 2023년 4월 15일

지은이	냐나뽀니까 스님
엮은이	이준승
펴낸이	하주락·변영섭
펴낸곳	(사)고요한소리
제작	도서출판 씨아이알 02-2275-8603

등록번호	제1-879호 1989. 2. 18.
주소	서울시 종로구 인사동길 47-5 (우 03145)
연락처	전화 02-739-6328 팩스 02-723-9804
	부산지부 051-513-6650 대구지부 053-755-6035
	대전지부 042-488-1689
홈페이지	www.calmvoice.org
이메일	calmvs@hanmail.net
ISBN	978-89-85186-29-2

값 1,000원

12연기의 세 이음매·삼세의 관계·원인과 결과 도표

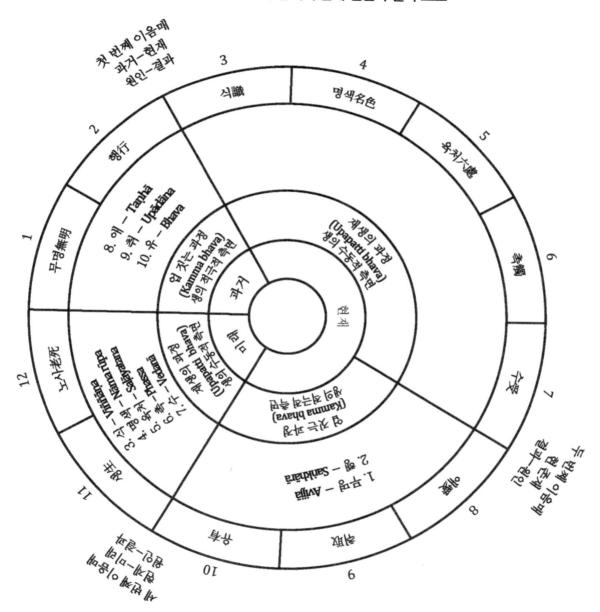